부의 여덟 기둥

부의 여덟 기둥

유대인은 어떻게 부를 구축하여 경제적·시간적 자유를 누리는가?

Harry Kim 지음

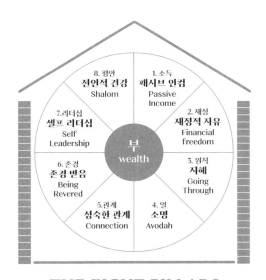

THE EIGHT PILLARS
of WEALTH BUILDING

더메이커

성공이 '실패의 눈물로 자란 꽃의 향기'라면 부는 '지혜의 눈물로 자란 꽃의
향기다.' 저자 Harry Kim에 의하면, "돈과 재산(riches)과 부(wealth)는 엄격
히 구별되며, 벽돌을 모아 집을 짓듯(building house) 돈을 모은 재산으로 부를
구축(building)해야 한다."

견고하게 지어진 집에서 화목한 가정을 누리는 것은 행복 중 최고다. 부는
경제적, 관계적, 문화적으로 그 형통함을 누리는 행복한 가정과 같다. 행복
한 가정을 이루는 그 초석이 돈인 것은 분명하지만 돈만으로는 행복한 가정
을 이룰 수 없다.

부 또한 그렇다. 돈이 부를 구축하는 매우 중요한 초석이지만 돈만으로 부를
구축할 수는 없다. 오늘날 유대인이 누리는 부는 오랜 세월 지혜로 살아온
보상이다. Harry Kim은 이 책《부의 여덟 기둥》에서 독자들 모두를 부를 이
루는 지혜의 길로 인도한다.

장재중(유니그룹 회장)

<hr />

지난 100년 가까이 유대인의 자녀교육에 관한 책과 그들이 부를 누리는 비
결을 다룬 책이 전 세계적으로 홍수를 이루어 왔다. 그 내용은 꿀송이 같은
마력은 있으나 정작 'how to'에 대해서 오리무중으로, 비유대인이 그 비법
을 찾기는 불가능했다.

오랜 시간 유대인들의 '부를 구축하는 비법'을 연구한, 이 영역의 고수인 Harry Kim은 누구라도 부를 누릴 수 있도록 도움을 주기 위해 이 책을 집필했다. 부를 누리기 원하는 모든 분들에게 매우 벅찬 마음으로 《부의 여덟 기둥》을 강추한다.

조원희(변호사, 법무법인 디라이트 대표)

이 책은 유대인들이 부를 구축하여 '경제적 자유와 시간적 자유를 누리는 비결'을 우리의 삶에 적용하여 경제적·시간적 자유를 누릴 수 있는 길을 제시하고 있다. 저자는 자녀들이 어릴 때부터 부모의 지혜를 보고 자라며 부모로부터 행복한 가정을 유지하는 방법과 금융 지식을 배우는 것이 그 어떤 교육보다 우선해야 한다고 강조한다. 지혜와 가정을 유지하는 방법, 그리고 금융 지식이야 말로 부를 구축하는 알파와 오메가이기 때문이다.

전제광(휘 대표)

저자는 최저 이혼율과 최고의 교육열 그리고 절약과 기부의 왕이며, 노벨상을 휩쓸 뿐만 아니라 세계의 중요 영역을 주도하는 유대인들이 누리는 부의 원리와 지난 200여 년간 미국이 누린 축복의 기반인 '유대-기독교 윤리와 가치'를 집중적으로 연구했다. 그 결과 저자는 부는 소득, 재정, 지혜, 일, 관계, 존경받음, 셀프 리더십, 평안 등의 여덟 기둥으로 구축된 것임을 밝혀냈다.

이 책에서 Harry Kim 박사는 이 여덟 기둥을 명료하게 풀어내어, 이 책을 읽는 누구라도 부를 구축하여 누릴 수 있도록 돕는다.

신혜성(와디즈 대표)

부는 여덟 개의 기둥으로 구축된다

한 국가가 선진국이 되면 교육열이 더 높아지고, 여성의 사회적 진출이 늘어나고, 부강해지고, 개인과 국가의 신뢰 자산이 늘어난다. 이는 긍정적인 현상이다.

부정적인 현상도 있다. 개인주의가 극심해지고, 이혼율이 높아지며, 가정 파괴가 늘어나고, 출생률이 줄어들고, 청소년 문제가 심각해지고, 소비주의가 만연해진다.[1] 또 자녀교육도 가정에서의 전인적 양육보다는 기관(학교 등)에 대한 의존도가 높아진다.

결과적으로 선진국들은 가정 파탄, 인구감소, 소비주의, 개인과 공동체적 리더십 상실 등이 만연해진다. 왜 이럴까?

이 의문을 풀기 위해 필자는 10여 년간 많은 노력을 기울였으나 답을 찾지 못했다. 결국 최저 이혼율과 최고의 교육열 그리고 절약과 기부의 왕이며, 노벨상을 휩쓸 뿐만 아니라 세계의 중요 영역을 주도하는 유대인을 연구하지 않을 수 없었다.

---

1   절약으로 소비주의를 이기는 개인과 나라도 있고 소비주의에 망조가 든 개인과 나라도 있다.

그래서 지금의 유대인을 가능케 한 《탈무드》를 읽으며 유대인을 집중적으로 연구하고, 유대인이 누리는 부와 형통의 비법(recipe)을 추적했다. 이러한 10년여간의 연구를 통해 유대인이 누리는 부는 소득, 재정, 지혜, 일(소명), 관계, 존경받음, 셀프 리더십, 평안 등의 여덟 개의 기둥으로 구축된 것임을 알게 되었다.

1) 소득

노동은 신성하다. 노동으로 버는 소득 역시 신성하다. 문제는 사회가 복잡해지고 소비문화가 득세하는 상황에서 노동 소득인 액티브 인컴(active income)만으로 살기는 어려운 것이 현실이다. 구조와 시스템으로 돈을 버는 메이킹 머니(making money)인 패시브 인컴(passive income)이 있어야 재정적 안정을 누릴 수 있다.

2) 재정

소득이 생기면 필요 소비 외에 과소비를 금하고 패시브 인컴에 투자해서 소득을 축적하여 재산을 만든다. 재산의 사유화에 집착하지 않고 다양한 영역에 기부하는 등 재정을 잘 관리하면 부를 구축하여 재정적 자유와 더불어 시간적 자유를 누릴 수 있다.

3) 지혜

부를 구축하려면 성숙하고 생산적인 삶을 살아야 한다. 이를 위해서 적절한 레버리지로 돈을 벌고, 낭비와 무절제의 유혹을 이겨내며 규모 있는 삶을 살아내는 지혜가 필요하다.[2]

4) 일

고차원적인 의미가 부여되지 않는 일은 생산성을 낮출 뿐만 아니라 결국엔 우리의 물질적 · 정신적 에너지를 고갈시킨다. 일의 고차원적인 의미인 소명은 일에 대한 최고 가치의 동기를 부여한다. 자신의 일을 소명으로 받아들이는 이에게 일은 곧 생의 의미이자 사명이 된다.

5) 관계

"네 이웃을 네 몸처럼 사랑"하는 것은 소명이다. 이 소명은 성숙하고도 고차원적 관계의 형성과 유지 그리고 확장으로 실천되어야 한다.[3] 관계가 고차원적이면 영성도 인격도 일상도 고차원적이다. 우리 모두에게는 이 고차원적 관계를 유지 확장할 사명이 있다.

6) 존경받음

아무도 존경하지 못하는 삶은 가장 불행하고, 누구에게도 존경받지 못하는 삶은 가장 비극적이다. 누군가를 존경하려면 그에게 '선함을 추구하는 양심'이 있어야 하고, 누군가에게 존경받으려면 '선한

---

2 지혜의 길은 즐거운 길이요, 그 모든 길에는 평안이 있다.(탈무드)
3 이런 이유로 누구나 관계 안에서 자기의 정체성과 의미를 발견할 수 있다.

삶'이 전제되어야 한다.

7) 리더십

존경받는 셀프 리더십을 기반으로 가족과 공동체와 지역 사회, 더 나아가 국가와 세계의 번영을 구축하는 것은 누구에게나 가장 위대한 소명이다.

8) 평안

근본적으로 평안은 하나님의 주도적 선물이며, 누구라도 평안을 누릴 자격이 있다. 평안을 누리는 이라면 당연히 이웃과 세상에 평안을 확장시켜야(making shalom) 한다.

이 책은 아래의 분들에게 도움을 줄 수 있다.

🏛

재정적 속박을 벗어나기를 원하는 분들

🏛

재정적 안정과 자유를 원하는 분들

🏛

부와 형통을 누리기 원하는 분들

🏛

자녀에게 올바른 금융 지식, 재정관리,
부의 정신을 가르치려는 부모들

🏛

비즈니스를 통해 사회에 선한 영향을 끼치려는 분들

차
례

PART 0
돈
삶에는 돈이 필요하다

PART 1
소득
구조와 시스템으로 소득을 창출하라

돈(Money)

삶에는 돈이 필요하다

몸에 피가 필요하듯 삶에는 돈이 필요하다. 피가 순환되는 혈행(血行)에 문제가 생기면 몸이 망가지듯, 돈이 순환되는 쩐행(錢行)에 문제가 생기면 삶이 망가진다. 쩐행에 대한 바른 이해와 매뉴얼이 없으면 돈에 중독되는 등 인생 자체가 엉망이 된다. 반면 누구라도 바른 금융 이해와 매뉴얼을 가지고 돈을 대하면[1] 재산을 축적하고 더 나아가 재정적 자유와 부를 누릴 수 있다.

---

1 지난 100여 년 이상 돈에 대한 사람들의 사회심리적 행동과 반응 그리고 영적 상태를 연구한 서구 학자들의 괄목할 만한 연구 결과들이 논문으로 정리되었고, 21세기 들어 그 자료들을 기반으로 쓰인 책들이 많이 출판되고 있다. 돈에 관한 양서를 공부하면 재산도 축적하고 영혼도 건강할 수 있다.

돈이란 과연 무엇인가?

    돈을 사랑하는 것이 일만 악의 뿌리라고 말하지만, 실제는 "돈이 모자란 것이 악의 뿌리"(버나드 쇼)다. 우리를 가장 걱정하게 하는 것도 돈이며, 우리를 가장 행복하게 하는 것도, 가장 불행하게 하는 것도 돈이다.[2] 돈과 행복은 무관하다지만 누구도 돈을 포기하지 않으며 대개의 종교가 돈을 부정적으로 말하지만 다들 돈벌이에 집착한다. 그렇다면 돈이란 과연 무엇인가?

    첫째, 돈은 재화이자 도구이다.

---

2   롭 무어, 《Money》, 37.

돈은 우리가 바라는 바를 충족시켜 주는 재화이자 우리의 목적을 이루는 데 필요한 도구다.[3]

둘째, 돈은 자유와 민주주의를 떠받치는 기둥이다.

돈은 재화의 기능뿐만 아니라 노동의 가치이자, 사회질서의 유지, 정의 실현 등의 수단으로 자유와 민주주의를 떠받치는 기둥이다. "그러므로 돈은 정직하게 벌어야 한다. 돈을 정직하게 벌어야 사회와 민주주의를 떠받드는 굳건한 기둥 역할을 감당할 수 있고, 신성한 생명과 힘이라는 맥락에서 돈을 사용할 수 있고, 축복이 되고 가난한 이들을 돕고, 비영리 단체에 기부하고, 질병 연구와 공익에 투자할 수 있다."[4]

셋째, 돈은 기회를 창출한다.

돈은 새로운 기회의 문을 열고, 관심을 끌며, 변화를 불러온다. 기부, 사업, 지역공동체, 또는 가정생활, 이 모든 영역에서 효과적인 전략들을 불러온다.

넷째, 돈은 선한 일을 이루는 에너지다.[5]

---

3 Tony Robbin, 《Money: Master the Game: 7 Simple Steps to Financial Freedom》
4 리차드 포스터, 《돈-섹스-권력》, 57.
5 Jen Sincero, 《You are a Badass at Making Money》, 67.

"돈은 사람을 축복해주는 것이다."(탈무드) 돈이 있으면 가난하고 소외된 이웃을 도울 수 있으며, 빈곤을 퇴치하는 데 기부할 수 있고, 질병 연구와 인류애를 실천하는 에너지가 될 수 있다. "돈을 제대로 인식하고 모아서 연결하면 그 가치는 모인 만큼이 아니라 핵분열처럼 증폭된다."(다니엘 라핀) 이처럼 우리에게 대단한 가치를 부여하는 돈은 존중받아야 한다. "돈을 벌고 쓰는 방법이 정당한 사회가 이루어져야 비로소 건강한 개인의 삶, 건강한 사회의 삶이 실현된다."[6]

악한 사람들이 악을 행하는 데 필요한 에너지로 돈을 사용할 수도 있다. 돈이 악한 자들이 악한 일을 이루는 에너지로 사용하지 않도록 개인과 국가는 적극적으로 감시해야 한다.

---

6   마크 스티븐스, 《돈과 인생에 관한 20가지 비밀》.

돈을 이해하기 위해 알아야 할 것들

가난한 사람들과 부자들의 돈 이해가 다르다.

가난한 사람들은 돈이 있어야 돈을 벌 수 있다고 생각하지만, 부자는 아이디어, 에너지, 서비스가 있으면 돈을 벌 수 있다고 생각한다.

또 가난한 사람은 돈을 벌기 위해 열심히 일해야 한다고 믿지만, 부자는 돈이 열심히 일하게 만들어야 한다고 믿는다. 가난한 사람은 돈 벌 시간이 없다고 생각하나 부자는 가치가 낮은 일을 할 시간이 없다.[7]

또 종교마다 돈벌이에 대한 이해가 다르다.

---

7   롭 무어, 139-151.

예를 들어, 기독교인들은 2천 년 동안 가난을 덕으로 이해했기에 열심히 돈 버는 일을 '돈을 사랑하는 행위라며' 부정적으로 여겨 왔다. 그러나 유대인은 돈과 돈벌이를 신성하게 여긴다. 이들은 어릴 때부터 탈무드와 빛의 축제로도 알려진 수전절인 하누카 등을 통해 "돈은 돈을 낳는다"(탈무드)고 배우며, 수천 년 동안 돈을 신성하게 여기며 축적한 막대한 재산으로 부를 구축하고 형통을 누리고 있다. 이런 의미에서 "유대인이 돈에 대한 도덕적 혼란 때문에 비즈니스에서 장애를 겪은 적이 한 번도 없다는 것은 놀랄 일이 아니다."[8]

돈은 탐욕적인 사람을 더 탐욕스럽게 하고, 천박한 사람을 더 천박하게 하며[9] 악한 사람을 더 악하게 한다.[10] 반면 돈은 관대한 사람을 더 관대하게 하고, 성숙한 사람을 더 성숙하게 하고, 선한 사람을 더 선하게 한다. 이는 사람마다 돈에 대한 이해가 다르기 때문이다. 아래는 돈을 이해하는 데 도움을 주는 것들이다.

첫째, "돈은 우리를 타락시키는 것이 아니라 단지 우

---

8   다니엘 라핀, 《부의 비밀》, 35-37.
9   토머스 앤더슨, 《크리스천 부자백서》, 9.
10 탈무드

리의 진정한 모습을 드러낼 뿐이다."(탈무드)

　돈은 우리의 안정적 모습과 불안정한 모습을 그대로 드러낸다. 돈을 잘 통제하고 관리하면, 즉 돈을 이기면 삶은 안정되지만, 돈에 지면 모든 것이 불안정하다.

　강남 지역에서 약 30년간 정신건강의학과 의원과 정신건강센터를 운영해온 김정일 원장은 자신의 저서 《강남은 거대한 정신병동이다》에서 돈에 져서 맘몬(Mammon)에 휘둘리는 강남 사람들의 병적 현상을 상세하게 증언한다.

　　지난 30년간 "많은 부자들이 남아도는 돈과 시간을 자신과 그들의 자식을 망치는 데 쓰는 걸 봐왔다"는 김 원장은 성형중독과 각종 갑질, 마약 등 최근 벌어진 일련의 사건들은 '돈'이 근본적인 이유이며 "돈의 유무가 열등감과 위화감을 일으키고 이는 과대망상으로 이어질 수 있다"고 말했다.[11]

　반대로 경주 최 부자, 진주 남성당 한약방의 김장하, 위렌 버핏, 빌 게이츠, 스티브 잡스, 샘 월튼, 조셉 케네디와 같은 부자들은 돈을 이기는 법을 잘 알고 있었다.

　관건은 '돈에 져서 돈에 휘둘리냐' 아니면 '돈을 이기고 잘 관리하

11　경향신문, 2023.09.05.

느냐'이다. 돈에 지면 이타주의를 상실하여 죄와 악의 유혹에 빠지기 쉽다. 돈에게 지지 않고, 이겨서 돈을 잘 관리하려면 돈을 잘 이해해야 한다.

둘째, 돈은 선하지도 악하지도 않다.

"돈이란 마음으로 준비해 온 사람에게 머물게 되어 있다. 누군가가 나쁜 마음으로 다른 사람의 돈을 소유하게 되면 오히려 없을 때보다 더 비참해지는 경우가 대부분이다."[12] 같은 이슬도 산삼이 먹으면 약이 되고 독사가 먹으면 독이 된다. 같은 돈을 누가 사용하느냐에 따라 선하게도 사용되고 악하게도 사용된다.

셋째, 돈은 이동한다.

모든 에너지는 높은 곳에서 낮은 곳으로 이동하지만 돈은 그 반대다. 돈은 가난한 사람에게서 부자에게로 이동한다. "돈에 가장 적게 가치를 두는 사람으로부터 돈에 가장 많이 가치를 두는 사람에게로 이동한다."[13]

넷째, 돈은 행복을 보장하지 않는다.

---

12   보도 섀퍼, 《열두 살에 부자가 된 키라》, 161.
13   롭 무어, 61.

소득이 늘어난다고 해서 행복이 보장되는 것은 아니다. 닐슨코리아 왓츠넥스트(What's Next) 그룹이 행한 '한국인의 소비 생활에 관한 조사'에 따르면, 응답자의 48.8%가 현재 소득으로는 자신이 원하는 생활 수준을 충족하기 어렵다고 했다. 소득이 늘어나면 여유는 생기겠지만 그렇다고 행복을 보장하지는 않는다.

자수성가하여 재산을 많이 모은 조 사장이 있다. 조 사장은 강남에 십여 개의 점포가 있는데, 하루 소득이 평범한 직장인의 몇 달치 월급에 이른다. 그럼에도 조 사장은 돈을 더 모아야 한다는 압박감에 불안하다. 과거보다 더 지독히 절약하고 인색하며 기부할 줄 모른다. 조 사장은 인생의 즐거움을 스스로 고갈시키고 있다. 조 사장은 재산을 늘어났으나 평안은 없고 돈 모으기에 집착하면서 불안을 극복할 수 없다. 조 사장은 행복할 리가 없다.

조 사장의 경우처럼 소득이 늘어난다고 행복하지는 않다. 물론 돈이 많으면 행복해진다고 생각할 수도 있다. 하지만 소득이 늘어난다고 해서 꼭 더 행복하거나 만족스러운 삶을 살 수 있는 것은 아니다. 그러므로 우리는 소득이 늘어나는 것이 행복의 요건이라고 생각하는 것에 너무 쉽게 기만당하고 있지는 않은지 늘 의심해봐야 한다.

두 명의 학자가 돈과 행복의 관계에서 놀라운 사실을 발견했다. 경제학자인 앵거스 디튼(Angus Deaton)과 프린스턴 대학의 심리학자인 대니엘 카네만(Daniel Kahneman)은 돈과 행복의 사이의 관계에 관한 놀라운 사실을 발견했다. 2008년과 2009년 겔럽과 Healthways가 조사한 미국인 45만 명의 응답을 분석한 결과, 가정당 연간수입이 77,000불(2013년 11월말 현재 한화 1 억원) 이상에 속하는 이들 중 적지 않은 이들이 행복하지 않았다.

소득이 늘어나면 어느 정도 여유는 생기겠지만 반드시 행복해지는 것은 아니다. 이 세상에서 가장 부자에 속하는 슈퍼 리치[14]들조차도 돈이 부족하다고 생각하며 행복하지 않다. 물론 더 많은 돈을 소유하려는 노력은 건강한 본성으로, 우리의 삶을 향상시키는 것은 사실이다. 문제는 너무 과하게 가지도록 요구하는 이 시대의 문화이다. 더 큰 집, 더 크고 좋은 차, 더 화려한 스펙 등등 욕심이 끝이 없어 탐심의 노예가 되고 있다.(눅12:15) 만족할 줄 모르는 욕구는 우리의 건강과 관계와 미래 그리고 행복을 빼앗아간다.

행복하기 위해 적게 벌라는 것은 아니다. 열심히 바르게 일해서 벌 수 있는 만큼 많이 벌되 근검절약하여 행복을 유지할 만큼의 돈으로 살고, 나머지는 기꺼이 가난한 이웃을 돕고 공익을 위해 투자(기부)해야 한다. 기부는 늘 행복이란 이익으로 되돌아오기 때문에 최고의

---

14 일반적으로 super rich란 보통의 부자를 한참 뛰어넘는 수준의 부자로, 피라미드의 상층부에서도 가장 꼭대기에 해당하는 억만장자를 칭한다.

투자다.[15]

결론적으로 조 사장은 다른 소득은 악착같이 챙기면서도 인생에 있어서 가장 귀중한 행복이란 소득은 챙기지 못하고 있음이 분명하다. 돈은 행복은 보장하지 않는다.

다섯째, 돈에 너무 예민하지 마라.

돈을 포함하여 어떠한 형태라도 즉각적인 보상이 있을 때 도파민이 분비된다.[16] 돈은 정신적 마약과 같은 작용을 한다. "우리 뇌는 일종의 마약과 같은 돈, 그 자체를 원한다. 물론 돈이 마약처럼 진짜 중독성을 지닌 것은 아니지만, 정도의 차이일 뿐이지 누구나 돈을 원한다."[17] 돈에 너무 예민한 삶을 살 때 우리는 도파민 중독에 빠진다. 도파민 중독에 빠지면, 도박으로 자신이 쌓아온 명예와 부를 한순간 다 잃을 것이 뻔한 데도 도박에서 못 빠져나오듯, 자기 인생의 미래가 다 사라지는 위험을 무릅쓰면서 돈을 움켜잡으려고 혈안이 된다.

여섯째, 돈으로 사람을 평가하지 마라.

30년 전 필자가 미국에서 거주할 때, 앙숙 관계인 두 지인이 있었다. 주말 모임에서 이 둘의 감정이 격해졌다. 당시 다툼 중 A가 했던 말은

---

15 Brad Hewitt/James Moline, 《Your Money Mindset》, 136-138.
16 도파민과 돈과 직접적인 관련이 있는 것은 아니나, 돈이 보상으로 주어지면 도파민이 분비된다고 한다.
17 클라우디아 해먼드 《돈의 힘》, 20.

지금도 잊히지 않는다.

"나는 시급 16불 받는데 8불도 못 받는 주제에….."

미국의 최저임금이 시급 4.5불이던 당시 16불 받던 A의 삶은 결코 행복하지 않았다. 그의 곁에는 사람이 없었기 때문이다. 그럴수록 돈벌이에 집착하는 A는 돈의 노예 그 이상도 이하도 아니었다. 돈으로 타인을 평가하면 돈의 노예가 된다. 일당과 연봉 그리고 재산이 얼마든 이들 대부분은 성실한 삶으로 사회에 이바지하고 있다.

일곱째, 돈에 집착하지 마라.

누구나 무엇이든 좋아할 수 있다. 그러나 절제하지 못하고 지나치게 좋아해 탐욕(avarice)이 되면 중독으로 이어져 인생 파탄으로 이어진다.[18]

돈에 굶주려 집착하면 물질적 탐욕을 뜻하는 맘몬에

---

18 avarice는 헬라어로 $\varphi\iota\lambda\alpha\rho\gamma\upsilon\rho\iota\alpha$(philarguria)이다. 이 단어는 디모데전서 6:10 "돈을 사랑하는 것은 일만 악의 뿌리다."에서 '돈을 사랑하는 것'이란 뜻으로 쓰였다. 사전적으로 탐욕, 강한 욕망, 허욕이란 뜻이다. 성경에서 가장 오해되는 구절 중 하나가 디모데전서 6:10이다. $\varphi\iota\lambda\alpha\rho\gamma\upsilon\rho\iota\alpha$를 '돈에 집착함' 정도로 번역하지 않아서 생긴 일일 것이다. '돈을 사랑하는 것이 죄가 아니다.' 그러나 돈 탐심과 돈 집착은 그 죄가 크다.

게 휘둘리게 된다.[19] 맘몬에게 휘둘리면 다음과 같은 현상이 나타난다.

- 돈에 대한 염려와 근심에 빠지게 된다.

- 돈을 잘못 관리하여 계속 재정 결핍에 시달리게 된다.

- 기부를 두려워할 정도로 지출에 매우 인색해지는 데 반해 구매욕은 불타오른다.

- 돈을 가진 힘을 과대평가하고, 돈에 대한 욕망이 너무 커 늘 불만이다.

- 빚의 수렁에서 빠져나오지 못한다.[20]

- 돈을 두려워하면 돈 걱정을 하게 되고,[21] 돈 걱정은 죄로 연결된다.[22]

여덟째, 돈을 지혜롭게 관리하라.

건강을 잃지 않고 바르게 돈을 벌어 가족을 부양하고, 이웃과 사회에 도움을 주며 미래를 위해 어느 정도의 재물을 축적한다면, 돈을 지혜롭게 관리하는 것이다. 돈을 지혜롭게 관리하는 것은 돈을 얼마나 소유했느냐로 결정되지 않는다.[23]

한 연구에 의하면[24] 고소득자들은 미래의 안전을 위해 더 벌려고

---

19 돈은 사람을 세상에 굳게 결속시킨다. 사람은 자기가 '세상 속에서 자기 자리를 찾고' 있는 줄 알지만, 사실은 세상이 사람 속에서 자기 자리를 찾고 있다.(C.S. 루이스)

20 크리즈 힐/얼 피츠, 《그리스도인의 재정 원칙》, 51-62.

21 Jamie Munson, 《Money, God Or Gift》, 10-12.

22 Ed Welch, 《Running Scared》, 163.

23 미국의 Thrivent의 연구팀 등이 미국 크리스천 5만 명을 대상으로 실시한 'The Social Research'와 '5 S Research'라는 조사의 결과이다.

24 The Social Research'와 '5 S Research'

애쓰며(Struggling) 가난한 이웃과 나눈다거나 기부하는 데 인색한 반면, 5S 중에[25] 돈에 가장 건실한 여유자들(Surplus)은 소유는 평균 또는 그 이하지만 만족하고 감사하며 가난한 이들을 돕는다.

미국의 크리스천들의 돈에 대한 태도를 보면 놀랍다. 미국 크리스천의 약 50%가 재정적 불안을 느끼고, 87%가 나누고 기부할 만큼의 충분한 돈이 없다고 생각한다. 대다수 크리스천이 돈에 대해 건실하지 못한 반면, 13%인 여유자(Surplus)들은 돈은 넉넉하지 않아도 자족하며, 이웃과 사랑을 나누고, 가난하고 소외된 이들을 섬긴다. 누구라도 여유자들처럼 살아야 돈의 청지기로 살아가며[26] 이 땅에 평안이 이루어지게 할 수 있다.

바르게 돈을 벌어 가족을 부양하고 나아가 이웃과 사회에 도움을 주며 비움으로 감사하라.[27] 미래를 위해 어

---

25   재정적 건실함에 따라 다섯 가지로 분류하여 그들의 사고방식을 살피는데. 이 다섯 부류의 명칭의 첫 자가 다 S자로 시작하여, '5S'라 부른다.
26   Brad Hewitt & James Moline, 25-29.
27   "우리는 하나님의 계속되는 창조 사역에 적극적으로 동참해야 하기 위해 재산을 모아야 한다."(Corrine / Robert M. Sauer, 《유대주의, 시장, 자산주의: 실제로부터 신화를 분리하기》)

돈과의 관계 Relationship with Money

건강함 **Healthy**	여유 Surplus 범사에 감사하며 나눌 준비가 되어 있음. 13%	넘치도록 가지고 있다고 믿기에 더 바라지 않는다. 수입은 평균 혹은 그 이하이지만 대단히 만족감을 드러낸다. 수입에 맞게 구매하지 않고, 필요한 것을 구매한다. 범사에 감사하며 이웃에게 나눌 준비가 되어 있다. 수입에 비해 더 기쁜 삶을 산다.
	안전 Secure 자신만만함. 3%	자신들이 쓰기에는 충분하지만 이웃을 섬길 돈은 충분하지 않다고 생각하고, 수입이 늘어날수록 비싼 물건을 산다. 살기에는 충분하고 조금 여유는 있는 상태. 삶의 안전 높이기 위해 저축에 집착한다.
돈에 대한 **다섯 가지** **태도**	안정 Stable 현재의 상태는 ok, 수입이 늘어나기를 희망함. 32%	스트레스는 상대적으로 낮지만 아직 안전감을 느끼진 못함. 미래에 대해 많은 계획을 세우진 않고, 원하는 만큼 이웃을 섬길 돈은 부족하고, 빚으로 빚을 갚진 않지만 스스로는 "살기 위해 일하는 정도"라고 생각함.
	투쟁 Struggling 현재는 궁핍하고 미래에 대한 불안을 느낌.	돈 때문에 스트레스를 많이 받는다. 재정적 압박을 받으면 가족, 친구, 공동체들과의 관계에 금이 생긴다. 빚으로 빚을 갚기를 반복하다 점점 빚이 증가한다. 미국 크리스천의 11%. 최근 들어 늘어나고 있다.
불건강함 **Unhealthy**	생존 Surviving 지치고 치여 희망을 상실한 상태.	하루 벌어 하루 먹고 살기도 힘들어 근심하며, 누군가로부터 재정적 도움을 바란다. 미국 크리스천의 6%

느 정도의 재산을 축적했다면 돈을 지혜롭게 관리하라. 그래야 돈을 이기는 돈의 청지기로[28] 평안을 누리며 평안을 이웃에 확산시킬 수 있다.

마지막으로, 자신의 돈-성격(money personality)을 이해하라.

누구에게나 자기만의 성격이 있듯이 돈-성격도 있다. 성격 차이로 싸우고 갈등하다 심하면 이혼에 이르는 이들이 있듯이, 돈-성격 차이 때문에도 그렇다.[29] 돈-성격을 알면 불필요한 구매에 낭비를 줄이고, 예산과 계획을 더 체계적으로 세울 수 있다. 여덟 유형의 돈-성격이 있다.

a. 돈벌이 집착자

이들은 모든 것을 희생하면서 돈벌이에 집착하여 가정생활과 인간관계는 엉망인 경우도 있다. 이들은 재정적 자유, 안정, 행복에는 관심이 많지만, 실천적으로는 그렇지 못하다. 돈벌이 집착자 중에 저축만 하고 주식 등에는 투자하지 않는 이가 있고, 저축보다는 투자에만

---

28 Brad Hewitt & James Moline, 25-29.
29 위의 책, xvi.

집중하는 이들이 있다.[30]

b. 절약가

이들은 돈에 대한 관심이 매우 높고 절약할 때 희열을 느낀다. 늘 돈 정리가 되어 있고 책임감이 있어 신뢰할 만하다. 충동적인 소비를 거의 안 하고 여행 중 비행기, 호텔, 렌트카 예약 외에는 신용카드를 잘 사용하지 않는다. 너무 짠돌이라 타인의 기쁨을 빼앗아 가는 피곤한 성격이다. 재정적인 목표에 지나치게 집중하고 씀씀이는 치사하다.[31]

c. 낭비자

이들은 지금을 즐기며, 사람에 대해 관대하여 무언가를 사주기를 좋아한다. 얼마나 돈을 많이 썼는지 왜 썼는지는 관심이 없고 오직 구매에서 희열을 느낀다. 목록을 작성해서 마트에 들어가지 않는다. 충동 소비로 후회를 많이 한다. 예산을 계획대로 지키지 못한다.

d. 사업가

이들은 모험심이 강하여 늘 새로운 모험을 기대한다. 큰 그림을 그리기 때문에 디테일이나 방법은 생각하지 않거나 소홀하다. 가능성

---

30   Lauren Hughes, June 08, 2023.
31   Scott & Bethany Palmer, 〈The 5 Money Personalities〉, 31-33.

에 희열을 느끼고 결정을 내리는 것을 두려워하지 않아서 빠르게 결정하고 움직인다. 가능성에 눈이 멀어 주변을 살피지 않는다. 너무 서둘러 인내심이 부족하기도 하다.[32]

e. 안전추구자

이들은 항상 미래를 준비하여 조사한다. 구매에 대해서 모든 부분을 철저히 살펴보기에 신뢰할 만하나, 돈이 얼마나 들어가는지 조사하다 볼일 다 본다. 은퇴 및 모든 것에 준비가 되기까지는 돈에 관해서 절대 위험한 일을 하지 않는다.[33]

f. 무관심자 또는 회피자(the avoidant)

이들은 돈에 전혀 관심이 없고 지금의 삶에 만족한다. 돈이 그들의 삶에 별로 동기가 되지 않는다. 매사를 쉽게 생각해서 무슨 일에든 쉽게 나서는 편이다. 관계를 중요하게 여겨서 다른 사람이 자신의 돈을 관리하게 놔둘 정도다. 일이 닥쳐야 대처하지만 평상시 전혀 대비하지 않고 있기에 결정을 내릴 때는 두려워한다. 무책임하

---

32 Scott & Bethany Palmer, 36-39.
33 위의 책, 39-42.

여 회피자로도 불린다.[34]

g. 경험을 추구하는 자

이들은 옷, 가전제품 또는 최신 핸드백과 같은 상품을 사는 데 돈을 사용하지 않고 대신 여행, 값비싼 저녁 식사 또는 스파 등으로 긴장을 푸는 것을 선호한다. 이들은 삶과 일상의 제약에서 벗어나기 위해 돈을 사용하는 자유분방한 개인으로, 독창적인 경험을 위해서는 씀씀이에 신경쓰지 않는다.[35]

h. 걱정하는 자

이들은 회피형의 반대로 집착적일 정도로 은행계좌를 확인하고, 모든 세부 사항에 대해 고뇌하며, 재정에 관해서는 항상 통제하고 있다고 느끼기를 좋아한다. 이런 식으로 과도하게 생각하다 스트레스를 많이 받는다. 이는 스스로에 대한 신뢰의 부족으로 연결되며 삶을 살아가는 능력을 갉아먹는다. 이들에게는 돈 걱정이 자리를 잡기 전에 대처하는 것이 중요하다.

---

34 이들의 재정은 혼란스럽다. 이런 유형의 사람들은 종종 무질서하지만, 일반적인 회피와 불안에서 비롯될 수도 있다.
35 Lauren Hughes, June 08, 2023.

돈의 최종 목적

돈의 최종 목적은 부를 구축하기 위한 것이어야 한다. 벽돌을 돈으로 비유하면 벽돌을 축적한 것이 재산(riches)이고, 축적된 벽돌로 집을 지어 행복한 가정을 누리는 것이 부다.

1. 부

늘 가난에 찌들어 살다 유산을 받거나 복권에 당첨되어 한순간에 부자가 되는 이가 있다. 그러나 이렇게 재산을 생겼다고 부에 이를 수 있는 것은 아니다.

부는 재산만으로 가능하지 않다. 부는 'to be well'로 물질적, 감정적, 관계적, 영적으로 웰빙(well-being)의 상태다. 부는, 건물을 짓듯(building), 소득, 재정, 원칙, 일, 관계, 존경받음, 리더십, 평안이라는 여덟 개의 기둥을 오랜 세월동안 전략적으로 구축해야만(building) 가능한 것이다.

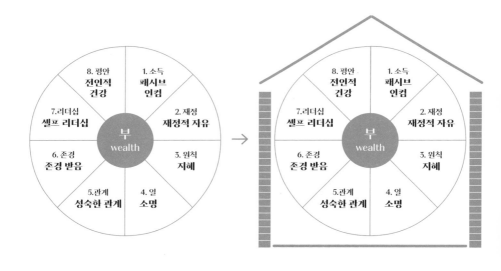

- 원칙을 살아내는 지혜 없이도 재산을 모을 수 있으나 부를 구축할 수는 없고

- 정당하지 않은 일로 부자가 될 수 있으나 부를 누릴 수 없으며

- 선하지 않은 일로 재산을 모을 수 있으나 부를 구축할 수 없고

- 가정과 사회에서 관계가 불량해도 부자는 될 수 있으나 부를 누릴 수 없고

- 존경을 받지 못해도 부자가 될 수 있으나 부를 누릴 수 있고,

- 섬김과 희생이 없는 리더십으로 부자가 될 수 있으나 부를 구축할 수 없고,

- 평안이 없어도 부자가 될 수 있으나 부를 누릴 수 없다.

이런 이유로 세상에 부잣집은 많으나 부를 누리는 가
정을 찾기는 힘들다.

2. 복(ㄱㄱ, Barak)

> 여호와는 네게 복을 주시고 너를 지키시기를 원하며,
> 여호와는 그의 얼굴을 네게 비추사 은혜 베푸시기를 원
> 하며, 여호와는 그 얼굴을 네게로 향하여 드사 평강 주
> 시기를 원하노라(민수기6:24-26)

마빈 토카이어가 말했듯이, "가톨릭에서 신부가 이
기도문으로 사람들을 축복하고, 미국의 대통령 취임식
에서도 이 구절을 사용한다. 이렇게 짧은 말이 어떻게
그토록 중요한 말이 되었을까. '여호와는 네게 복을 주
시고'라고 되어 있는데 '복'이란 또 무슨 뜻일까."[36]

---

36 마빈 토카이어, 《탈무드》, 246.

첫째, 복은 부를 이루는 DNA이다.[37]

이스라엘 백성은 젖과 꿀이 흐르는 가나안에 들어가 첫 소출을 거두자 만나(manna)가 중단되어 이후 자급자족해야 했다. 이들은 하나님이 은혜로 주신 창의력, 지혜, 관계, 리더십을 극대화하여 재산을 모으고 부를 구축했다. 복은 창의력, 지혜, 관계, 리더십의 시너지이자 부를 이루는 DNA이다.

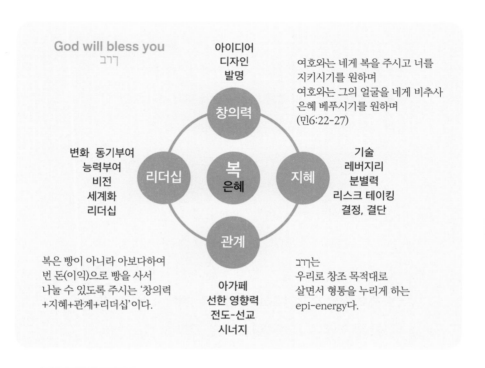

God will bless you
ㄱㄱㄱ

창의력

지혜

리더십

복
은혜

관계

아이디어
디자인
발명

여호와는 네게 복을 주시고 너를
지키시기를 원하며
여호와는 그의 얼굴을 네게 비추사
은혜 베푸시기를 원하며
(민6:22-27)

기술
레버지리
분별력
리스크 테이킹
결정, 결단

변화 동기부여
능력부여
비전
세계화
리더십

복은 빵이 아니라 아보다하여
번 돈(이익)으로 빵을 사서
나눌 수 있도록 주시는 '창의력
+지혜+관계+리더십'이다.

ㄱㄱㄱ는
우리로 창조 목적대로
살면서 형통을 누리게 하는
epi-energy다.

아가페
선한 영향력
전도-선교
시너지

---

37 구약에 파생어를 포함하여 415번 등장하는 '복'은 피조물이 창조의 목적에 따라 살아가도록 하나님께서 주신 에너지로(창1:28), 주기도문의 epiousion(일용할 양식)과 같은 의미로 해석할 수 있다.

둘째, 우리에게는 부를 확장해 이웃을 축복해야 할 사명이 있다.

복이 작동한 결과가 돈으로 보상된다. 우리는 이 돈으로 생계를 유지하고 가난한 이웃을 도울 수 있다. 대처 여사가 말했듯이 "선한 사마리아인에게는 선한 의도만 있었던 것이 아니라 선한 행실을 할 수 있는 돈이 있었다."

셋째, 복은 흘려보내므로 완성된다.

축복하는 자(blessing missionary)로 살았던 아브라함의 후손들이 부를 이룰 수 있었던 것은 하나님이 은혜로 주신 복을 극대화했기 때문이다. 부를 이룬 그들은 이를 전적으로 하나님의 은혜임을 고백하며 받은 복을 극대화하여 필요한 이들에게 흘려보냄으로 복을 완성한다.

우리도 복을 극대화하여 축적한 재산, 발명품, 기술, 시스템, 시너지 등을 활용해 세상에 '축복이 되는 사명'을 살아야 한다.[38]

---

38 이렇게 받을 복을 최대로 확장-확산시켜 세상에 흘려보내는 것이야말로 우리에게 복을 주신 하나님께 최고로 감사하는 것이다.(삼하 18:28)

3. 부의 시스템

부의 시스템이란 부를 구축하는 여덟 기둥인 소득, 재정, 지혜, 일, 관계, 존경받음, 리더십, 평안이 유기적으로 조화를 이루는 것을 말한다.[39]

4. 부를 누리는 자는 형통하다

형통은 일평생 전심으로 의인의 삶을 살아내는 이가 받는 복이다. 요셉이 그랬다.(창39장)[40] "부는 지혜 있는 사람의 면류관"(솔로몬)이고, 형통은 인생 미로를 지혜로 살아내며 모은 재산으로 구축한 부를 누리는 은혜이다. "복 있는 사람은 … 형통하다."(다윗)

---

39 4천 년 전, 하나님은 당대 최강의 도시였던 우르에서 아브라함을 불러내 복을 주시며 부를 약속하셨다. 아브라함의 후손들은 아브라함에게 물려받은 믿음과 하나님이 주신 복과 전 세계에 흩어져 있는 그들의 정보와 네트워크를 이용하는 지혜로 부의 시스템을 구축했다. 그들에게 아브라함은 믿음의 조상이자 부의 조상이다.

40 요셉은 형제들에 의해 애굽에 노예로 팔려 갔으나, 하나님께서 그의 일생을 돌보셨다. 요셉은 애굽의 총리가 되어 그 나라를 구했고 자기를 팔았던 형제를 비롯한 온 가문을 가난과 기근에서 구했다. 하나님이 요셉을 형통케 하신 것이다.

소득(Income)

구조와 시스템으로 소득을 창출하라

소득은 노동과 서비스의 보상이다. 소득이 없으면 생활이 고통스럽고, 소득이 적으면 재정적 속박(가난)에 처하고, 소득이 늘어나면 재정적 안정을, 소득이 넉넉히 들어오면 재정적 자유를 누린다. 재정적 속박에서 벗어나 재정적 안정과 재정적 자유를 누리기 위해서는 소득을 늘리는 것이 우선이다.

소득을 늘리기 위해서는 자신의 가치를 높여야 하고, 메이킹 인컴을 잘 이해해야 하며, 패시브 인컴을 창출해야 한다. 패시브 인컴 창출을 위해서 액티브 인컴과 포트폴리오 인컴(portfolio income) 그리고 패시브 인컴의 차이를 알아야 한다.

소득을 늘려 재정적 자유를
누리는 법

1. 자신의 가치를 높여라

순수철 1kg의 가격이 만 원이라면, 이것으로 말발굽을 만들면 2만5천 원을 받을 수 있고, 재봉 바늘을 만들면 7억 원에 팔 수 있고, 시계 스프링이나 시계 기어를 만들면 6백억 원, 초정밀 레이저 부품을 만들면 1,500억 원을 벌 수 있다.

소득을 늘리려면 자신의 가치를 높여야 한다.

가치를 높이기 위해서는 먼저, 자신보다 가치가 높은 이들과 어울려야 한다. 그러다 보면 그들의 습관과 태도를 배우게 되고 자신의 가치가 오른다.

누구나 자신이 가장 자주 어울리는 이들로 인해 가치가 높아지기도 하고, 낮아지기도 한다. 그렇다고 지금 만나고 있는 친구들과 헤어지라는 건 아니다. 시간과 에너지를 투자하여 당신의 가치를 높여 줄수 있는 새로운 친구들을 찾고 만나라는 것이다.

자신의 가치를 높이려면 먼저 배워야 한다. 더 많이 배울수록 더많이 번다. 부, 서비스, 기부, 기업, 모멘텀, 규칙에 대해 배우고 집중하라. 돈과 부를 이해하라. 수시로 돈과 부에 관한 책을 읽고, 매일 30분은 긍정적이며 영감을 주는 책을 읽어라.[1]

그다음으로 성공한 사람에게 성공의 비결을 들어야 한다.

성공한 사람은 성공하는 삶을 살아서 성공한 것이다. 성공한 사람을 자주 만나 그 삶을 관찰하고 들으면서 비결을 정리하라.

세 번째, 돈을 번 사람을 만나 질문해야 한다.

돈을 벌고 싶다면, 돈을 번 사람을 만나 어떻게 돈을 벌었고, 어떻게 저축하며 투자했는지 계속 질문하라. 성공한 사람이 돈을 벌기 위해 결단을 내릴 때 도움을 주었던 정보와 지혜를 물어라. 자신이 처한

---

1   롭 무어, 40-41.

상황에 대해 말하고 조언을 받아라.

마지막으로, 성공의 실마리를 찾아 본받아야 한다.

성공은 단서를 남긴다. 성공한 사람들을 연구하여 성공의 실마리를 찾아 본받아야 한다.[2]

2. 어닝 머니와 메이킹 머니

우리 주변에는 제조업을 하는 사업가, 대기업 사장, 변호사, 의사, 교수, 대형마트 케셔, 배우, 가수, 치킨집 사장, 편의점 아르바이트생까지 지인들이 많다. 그리고 투자자, 부동산 임대업자, 작가, 작곡가, 작사가, 유튜버, 블로거 등도 있다.

전자는 노동(일)해서 버는 어닝 머니(earning money)로 사는 이들이고, 후자는 돈이 들어오는 구조와 시스템으로 버는 메이킹 머니(making money)로 살아가는 이들이다.

대부분 사람은 메이킹 머니를 어닝 머니와 같다고 여기거나 아니면 그 차이를 모른다. 이 둘의 가장 큰 차이

---

2   Billy Epperhart,《 Money Mastery》, 75-83.

는 노동량과 시간 소모의 차이다. 어닝 머니에는 어느 정도의 노력과 시간이 필요하다. 하지만 메이킹 머니에는 그보다 상당히 적은 노력과 시간이 들어간다.

첫째, 어닝 머니는 '노동 활동으로(active) 버는 돈'이다. 어닝 머니는 누군가에게 시간과 기술, 에너지를 제공할 때만 받는 돈이다. 이는 소득을 '다른 누군가에게 의지하고 있다'는 말이다. 누군가에게 받는 돈으로 당신의 삶과 삶의 질을 지탱하고 있다는 것이다.

둘째, 메이킹 머니는 '한 번의 활동으로 지속해서 버는 돈'을 말한다. 메이킹 머니만으로 살 수 있다면 우리는 재정적으로 남에 의존하지 않아도 된다. 어닝 머니만으로 사는 이들 중 많은 이들이 빚과 시간 부족에 허덕일 가능성이 높지만, 메이킹 머니로 사는 대다수가 부유하며, 재정적 자유와 시간적 자유를 누린다.

메이킹 머니로 재산을 모으기 위해서는 레버리지를 이용해야 한다. 레버리지는 "최소 노력의 법칙이다."[3]

무명 작가를 고용하고 당신의 아이디어로 극본을 완성하면 무명 작가라는 레버리지를 이용하는 메이킹 머니로 돈을 벌 수 있다. 레버리지는 메이킹 머니를 시작할 수 있는 매우 좋은 방법이다. 메이킹 머

---

3   롭 무어, 253.

니로 돈을 벌 수 있는 몇 가지를 소개한다.

- 발명품이나 브랜드 혹은 지적 재산을 판매하여 로열티를 받
  는 것.
- 책이나 스테이지 프로덕션을 영화나 TV쇼로 만드는 것.
- 부동산에 투자하여 융자금과 여타 경비보다 더 많은 임대료를
  받는 것.
- 주차장이나 공간을 임대하여 수익을 내는 것.
- 정기적으로 배당금을 받는 주식이나 이자를 받는 금융상품에
  투자하는 것.

3. 세 가지 유형의 소득

소득을 높이기 위해서는 세 가지 소득의 유형을 잘
이해해야 한다. 복권에 당첨되거나 유산을 받아서 생긴
소득의 경우를 제외하고, 소득 대부분은 액티브 인컴,
포트폴리오 인컴 그리고 패시브 인컴이다.

1) 액티브 인컴

액티브 인컴(active income)은 시간과 에너지가 들어가

는 일을 할 때만 받는 어닝 머니다. 시급, 일당, 주급, 월급, 연봉 등의 임금이 이에 해당한다. 병이 들거나, 사고가 나서 일을 못 하면 액티브 인컴은 불가능하다.

시급 노동자, 일용직 노동자, 샐러리맨, 의사, 변호사 등의 전문직과 자영업자, 연예인, 프로선수 등이 노동의 대가로 버는 돈이 액티브 인컴이다. 액티브 인컴은 소득을 얻는 가장 일반적인 방법이다. 졸업 후 취직하거나 사업자금을 모으기 위해 취업하는 등 대다수가 이 소득에 의존한다.

일을 멈추는 순간, 소득도 멈춘다. 또 필요한 기술이 없다면 매우 힘들게 살게 된다. 더 많은 돈을 벌기 위해서는 새로운 기술을 배워야 한다. 액티브 인컴을 높이기 위해서는 더 많은 시간을 일해야 한다.

2) 포트폴리오 인컴

늘 추방당하며 살아왔던 유대인들은 그 급박한 경우를 염두에 두고 재산을 지혜롭게 관리해 왔다. 살던 곳을 떠나야 할 경우, 포기해야 할 부동산과 가지고 가야 할 금, 다이아몬드, 골동품 등과 전 세계적인 그들의 네트워크에서 사용되는 종이 자산[4] 등을 적정 비율로 관리했는데, 이를 포트폴리오의 시작으로 보는 설이 강력하다. 이러한 포트폴리오가 현대에는 최고 수익과 안전 등을 목적으로 자산을 여러

---

4   주식이나 뮤추얼 펀드, 채권, ETF, 단기증권, 예금증서, 통화, 그리고 여타 선물 및 파생상품 등을 말한다.

곳에 분배 투자하는 형태로 발전되었다.

* 포트폴리오 인컴의 특징

- 포트폴리오 인컴은 투자, 배당금, 이자 그리고 자산 이득에서
  생긴 소득이다.[5]
- 포트폴리오 인컴은 사업 활동의 결과이기에 패시브 인컴이 아
  니다.
- 포트폴리오 인컴을 창출하는 활동에는 부동산 매매, 자동차 매
  매, 골동품과 종이 자산 매매 등이 있다.
- 포트폴리오 인컴은 모든 투자자에게 이익을 보장하지는 않는
  다. 시장과 제품에 대해 충분히 공부해야 한다. 시장의 추세와
  재무제표를 읽을 줄 알아야 하며 회사를 가능한 한 상세히 파
  악할 줄 알아야 한다.

3) 패시브 인컴

고교 동창이 운영하는 고급 식당에 일정 지분 투자한
박 씨는 식당 운영에 개입하지 않아 일과 시간에서 자유
롭다. 식당 주변에 오피스텔 건물, 병원, 대학 등이 있어
영업이 잘되어 정기적으로 수익을 배당받는다. 박 씨는

---

5 https://www.investopedia.com/terms/p/portfolioincome.asp

여러 곳에 투자하여 메이킹 머니로 돈을 버는 데, 이를 패시브 인컴이라 한다.

메이킹 머니를 이해했다면 패시브 인컴을 쉽게 이해할 수 있다.[6] 박 씨와 달리 박 씨의 형인 Y는 연예인으로 한때 반짝 돈을 많이 벌었지만, 지금은 가난하게 살고 있다. 인기가 시들해지면서 소득이 없어졌기 때문이다. 반면 Y의 친구 나 씨는 자신이 작사한 곡들에서 들어오는 저작료로 살고 있다. 나 씨가 작사한 곡들이 방송과 노래방에서 불릴 때마다 검소한 생활엔 부족함이 없을 정도의 저작료가 들어온다.

Y와 같이 활동(active)하지 않으면 소득이 없는 이들이 있고, 작사가 나 씨처럼 계속 노동 활동을 하지 않아도(passive) 소득이 있는 이들이 있다. 예를 들어 투자자, 부동산 임대업자, 작가, 작곡가, 작사가, 유튜버, 블로거 등이 패시브 인컴으로 사는 이들이다.

* 패시브 인컴의 특징

- 패시브 인컴은 액티브 인컴에 비해 적은 노력과 에너지로 소득을 창출할 수 있으며, 한 번의 일과 투자로도 지속적인 소득이 가능하다.[7]

- 패시브 인컴은 느리게 축적되는 슬로우 인컴(slow income)이다. 패시브 인

---

6 하나님은 자녀를 위하여 흑암 중에 보화를 감추어(예비해) 놓으셨다.(사45:3) 성도라면 누구라도 보화를 지혜롭게 찾아내 부를 누리며 이웃을 축복해야 하는 데(렘29:7) 패시브 인컴 창출은 이 보화를 찾는 대표적인 경제활동이다.

7 Rachel Richards, 《Passive Income》, 3.

컴을 얻기 위해서는 처음에 적지 않은 노력과 시간을 들여야

한다. 그러나 시스템을 만들어 놓으면 그 시스템이 작동되며 소

득을 만들어 낸다.

- 시스템이 작동하며 만들어지는 패시브 인컴은 지속해서 소득

    이 발생한다. 총자산에서 부채 총액을 뺀 순자산을 늘리면서

    도 마치 은퇴한 것처럼 시간의 제약을 안 받고 여유롭게 살 수

    있다.

- 패시브 인컴 투자자는 운영에 참여할 수 있다. 예를 들어 기업

    이나 아파트에 투자했다면, 운영에 참여할 수 있다.

- 패시브 인컴이야말로 장기적인 부를 축적하는 데 핵심 수입이

    다. 부자가 되고 싶다면, 다수의 패시브 인컴 구조를 만들어야

    한다.[8]

패시브 인컴 구조와 시스템을 소유하는 것은 많은 이

들의 꿈이다. 익명의 투자자(silent investor) 박 씨나 작곡

가 나 씨처럼 패시브 인컴로 생활한다면, 직장에 묶이

지 않기 때문에 시간적 자유도 누리며 기부와 자선과

구호 등 인류애적 활동에 적극적일 수도 있다.

---

8   Mark Anderson, 《Passive Income》.

** 패시브 인컴을 얻는 방법

a. 패시브 인컴 소득원을 정하라.

자신의 상황에 맞는 아이디어를 택하고 소득원을 찾아야 한다.

b. 목표를 정하라.

미래에 무엇을 이루고 싶은가? 목표를 정하고 최선을 다하라.

c. 목표의 단계들을 조심스럽게 결정하라.

패시브 인컴 소득원을 결정했으면, 그 목표를 이루기 위한 장기 계획을 세우고, 장기 계획으로 가는 단계를 설계해야 한다.

d. 성공한 사업가나 창업가들을 공부하라.

성공한 사업가들은 어떤 테크닉을 사용하고, 어떻게 이메일 스크립트를 사용하는지, 어떻게 판매 통로를 만들어 제품을 판매하는지, 또 어떻게 자신의 대상 고객층을 솎아내고 그들과 관계하는지를 배우고 연구하라.

e. 멘토를 찾아라.

패시브 인컴에 대한 지식과 경험을 가진 사람의 도움은 적용할 수 있는 큰 교훈이 된다.

소비는 줄이고 낭비는 없애라

필자는 뚜벅이족으로 B.M.W(Bus-Metro-Walking)를 14
년째 즐기고 있다. B.M.W는 건강에, 절약에, 슬로우 라
이프 즐기기에 최고다. 2010년까지 20년 동안 내게는
네 대의 승용차가 있었지만 다 중고차였다. 내가 전혀
고민하지 않고 중고차를 택할 수 있었던 것은 가성비도
매력적이지만 절약하는 습관 때문이었다.

"승용차와 옷은 자기 경제력과 비교해 훨씬 싼 것을
현찰로 구입하라."는 격언이 있다.[9] 이게 소비 줄이기
훈련이 안 된 이들에게는 결코 쉬운 일이 아니다. 자동

---

9   랍비 셀소 쿠키어콘, 《유대인들이 대물림하는 부자의 공리》, 123.

차 구매에는 자존심이 강력하게 개입되기 때문에 더욱 그렇다. 론 부루 & 제레미 화이트가 말했듯이 "재정적인 결정에 있어 자동차 구매에 대한 결정보다 더 자존심과 자아가 개입된 영역은 없다."[10]

자기가 소유한 차를 팔아 그 금액으로 더 싼 차를 사지 않는 이상 현재 소유한 차가 항상 가장 경제적이고, 차를 오래 탈수록 유지비가 더 적게 든다. 《월 스트리트 저널》의 기사를 보면 "자동차를 오래 보유하면 할수록 (새 차든 중고차든) 마일당 유지비가 줄어든다. 평균 새 차의 감가상각은 첫해에 구매 가격의 31.5%가 된다."[11]

소비의 병적 현상들

소비는 자신의 에너지와 돈과 시간을 필요한 것과 가치 있는 것으로 교환하는 경제활동이다. 낭비는 과시적, 경쟁적, 병적, 중독적 쇼핑 등으로 자신의 돈과 에너지를 쓰레기(waste)화하는 것이다. 명품 옷을 사기 위해 사채를 빌리거나 몸을 파는 이들까지 있다. 이런 병적 소비는 자신을 쓰레기화하는 짓이다.

더 많이 소유하려는 욕망인 과소유 증후군[12]과 허례허식은 자신을

---

10 론 부루 & 제레미 화이트, 《청지기 재테크》, 148.
11 위의 책, 148.
12 이 용어는 2015년, 영국의 저자이자, 문화예측 전문가인 제임스 월만이 《Stuffocation》에서 소개한 신조어로 '물건에 질식한다(stuff+suffocation)'는 뜻의 합성어다.

쓰레기화하는 대표적인 소비 풍조다.

소비 유형

필요 소비(need spend)

주거비, 생필품, 공교육비, 의료보험료, 병원비 등을 위한 소비는 필요하고, 이웃을 위한 소비(기부)는 마땅하다. 자신의 미래개발을 위한 투자, 자녀교육, 집 구매 등도 필요 소비다.

낭비(want spend, waste)

지금 필요하지 않은 것들을 구매한다면, 머지않아 당신에게 꼭 필요한 것들을 팔 수밖에 없는 상황이 올 것이다.(워렌 버핏)

다시 강조하지만, 낭비는 과시적, 경쟁적, 병적, 중독적 쇼핑 등으로 자신의 돈과 에너지를 쓰레기로 만드는 활동이다. 소비 사회에서는 이 쓰레기화가 더 활발할수록 더 성공한 것으로 착각하는 이들이 주류를 이룬다.

다음의 열여섯 가지 소비는 낭비에 해당한다.

a. 경쟁 소비

경쟁 관계에 있는 이가 물건을 사면 보란 듯이 보다 좋은 것을 구매하는 허세 소비다.

b. 전염 소비

2009년 큰 아들이 고등학교 졸업식 다음 날 새벽 우리 가족은 시카고를 출발하여 사우스 다코다, 엘로우스톤, 샌프란시스코, LA, 그랜드 케년을 비롯한 동부의 10대 국립공원, 산타페, 덴버, 캔사스 등에 이른 16,000km의 길을 한 달간 여행했다. 당시 덴버의 지인 집에서 일주일 머물렀다. 당시 그 동네는 덴버의 중산층들이 살았는데 많은 집들이 텅비었고 그 집 앞에는 예외 없이 foreclosing[13]이란 팻말이 있었다.

"경제가 어렵긴 어려운 모양이네요."

"그렇기도 하지만, 저 팻말이 붙어 있는 집들을 보면 그 주인들이 존스들(The Joneses)이었죠. 한 집에서 벤츠를 사면 얼마 안 되어 다 벤츠를 샀고, 한 집이 RV를 사면 곧이어 다 RV를 샀죠."

"아하 존스들이 구매의 행진을 하다 마침내 야반도주의 행진을 한 거네요."

---

13 대출기관이 차용자가 담보로 제공한 자산 판매를 강제집행하는 행위.

"네, 바로 그거죠."

이와 같이 친척이나 친구, 이웃이 사면 경쟁적으로 따라서 구매하는 존스들은 부자인 것처럼 보이려다 폐가망신하는 경우가 대부분이다.

c. 보상 소비

열심히 일한 자신에게 보상으로 또는 돈을 많이 벌고 있는 자신에게 보상하기 위한 소비다. 소비로 보상하는 것은 돈에 지는 것이다.

d. 과시적 소비

극심한 불황에도 명품 가격이 오른다. 이렇게 경제 상식이 통하지 않는 걸 보면, "과시적 소비는 인간의 본능"[14]이라는 말은 틀리지 않는 것 같다.

e. 충동구매

한국인 60.3%가 쇼핑 시 사전에 계획한 것보다 더 많이 사들인다고 한다. 계획하지 않았거나 계획을 초과하

---

14   1899년 미국의 사회학자 베블런(Thorsteun Veblen)이 《유한계급론》에서 주장했다.

는 소비는 주로 충동구매 때문이다.

홈쇼핑에서 반복적으로 물건을 볼 때, 욕구 불만일 때, 배고플 때, 잠이 부족할 때, 또는 우울할 때 쇼핑을 하면 물건을 더 사게 된다. 쇼핑 전이나 쇼핑 중에 커피를 마시지 말아야 한다. 커피에는 마음을 들뜨게 하는 성분이 있어 충동 소비로 이어지기 쉽다.

f. 강박 쇼핑

충동구매의 노예가 되어 쇼핑몰에서 살다시피 하다 쇼핑 중독에 빠지는 이들이 있다. 전형적인 강박 쇼핑자다. 강박 쇼핑은 그 이면에 우울증이나 불안장애 등의 정신적 문제가 있으며, 인간관계와 재정 상태를 파탄내는 경우가 많아 전문가의 치료가 필요한 정신장애다.

g. 보복 소비

과시적 소비와 반대로, 보복 소비는 조용하고 은밀하게 진행된다. 자신이 분노를 표출하기 위한 탐닉이라고도 볼 수 있다. 짠돌이 남편과 말다툼 후 그 분노의 표출로 비싼 물건을 사는 아내가 있고, 아내와 말다툼 후 열 받아서 술집에서 비싼 양주 마시는 남편이 있다.[15]

h. 지급 능력이 없는 소비

---

15 데이비드 크루커/존 데이브만, 《Money, 돈이란 무엇인가?》, 165.

"지급 능력도 없으면서 물건을 산 사람 역시 가난의 씨를 뿌리는 사람이다."(베르너) 허영심 등 심리적으로 병든 이들의 소비 형태이다. 내 집 마련을 마련하기 위해 어느 정도 무리하는 것은 괜찮다. 그러나 지금의 능력으로 감당할 수 없는 집은 사지 말아야 한다. 이는 "냉장고를 짊어지고 마라톤을 하는 것이나 다름없다."[16]

i. 감정적 소비

감정적 소비는 가족 또는 가정사로 스트레스를 받으면 습관적으로 쇼핑을 하는 것을 말한다. 소비는 감정적 행동이다.[17] 감정적 소비는 내적 불만을 소비로 채우려는 것으로 일시적 만족을 주지만, 문제는 해결되지 않고 지갑을 비게 한다. 감정적 소비의 원인으로는 스트레스, 분노, 따분함, 공허함, 우울증, 불안, 좌절 등이 있다.

j. 뒷감당(enabling) 소비[18]

enabling은 사전적으로는 '타인으로 하여금 ~을 할 수 있도록 해주다'란 뜻이다. '자녀가 자기 앞가림을 잘

---

16 랍비 셀소 쿠키어콘, 125.
17 데이비드 크루커/존 데이브만, 160.
18 Deborah Smith Pegues, 《30 Days to taming Your Finance》, 105.

할 수 있도록 양육한다.'라는 의미도 있고, '자녀가 저지르는 모든 일을 뒷감당한다.'라는 의미도 있다. 뒷감당 소비는 자녀의 인생도 망치고, 부모의 인생도 망친다.

> "나는 아무래도 괜찮아. 아이들만 훌륭하게 자라주면 돼"라고 말하는 부모가 있다. 이는 바른 생각이 아니다. 부모도 자신의 성장에 더 많은 관심을 기울여야 한다. 특히 엄마의 경우 … 자식에게 가족이 원하는 대로 움직이는 존재라고 여기게 하는 엄마여서는 안 된다. … 늘 자기의 의사와 생각을 가족을 위해 포기한다면 존재감도, 자기주장을 할 힘도 잃게 된다.(프렌티스 멀포드)

k. 부자의 라이프 스타일을 모방하는 소비(upscale life style spending)[19]

경제적으로 여유 있는 사람들의 라이프 스타일을 모방하느라 규모 있게 살지 않는 결과는 참혹하다.

l. 기분 전환을 위한 소비

만약 기분 전환을 위해 쇼핑하는 경우엔 먼저 예산을 정하고 그 한도 내에서만 지출하라. 즉시 구매하지 말고 다른 곳을 돌아봐라. 가격

---

19 소득이나 교육이 평균 이상인 자들의 삶의 방식.

을 온라인에서 비교하라.

m. 겉치레 소비

호화로운 장식을 하는 것은 결국 다 남들에게 잘 보이려는 짓이다. 그처럼 겉치레를 중시하는 사람은 현재 가난하지 않더라도 앞으로 가난해질 사람들이다.(조셉 케네디)

n. 과장된 필요 소비(inflated need spending)

필요한 물건을 살 때도 가성비와 감가상각비를 잘 따져야 한다. 자기만족 또는 자기보상을 위해 좀 더 좋은 것을 사는 것이 과장된 필요 소비다.

o. 유행을 휩쓸리는 소비

낭비가 심한 사람들의 공통적인 특징은 이러이러한 물건을 사야 한다는 사회적 압력에 굴복한다는 것이다. 유행에 휩쓸려 낭비하는 이들이 재산을 축적할 가능성은 거의 없다.

p. 이름 모를 소비

아무 생각 없이 또는 없는 핑계를 만들어 소비하는 것을 말한다. 이름 모를 소비의 종류가 수백 개가 넘을 것이다.

소비는 줄이고 낭비를 없애라

2022년 우리나라 가구당 평균 수입이 약 6,400만원이다. 하루 8시간씩 주 5일 근무하여 주당 40시간을 일해서 얻은 소득이라 가정할 때 가구당 시급은 약 3만원이다.

- 카페라떼(5,000원) 한 잔을 마시려면 10분을 일해야 하고

- 점심으로 순댓국(만원)을 먹으려면 18분

- 청바지(5만원)를 사려면 1시간 40분

- 55인치 텔레비전(약 100만원)을 사려면 4일 1시간 20분

- 가족과 외식(6만원)을 하면 2시간

- 신형 스마트폰(100만원에서 140만원)을 사려면 4-6일

- 만만한 명품 핸드백(150만원-250만원)을 사려면 6-9일

- 3천만원짜리 승용차를 사려면 6개월

- 3억원짜리 아파트를 사려면 5년

- 6억원짜리 아파트를 사려면 10년을 일해야 한다.

소비를 줄이는 것은 자유롭게 또는 소중하게 사용할 수 있는 시간을 늘리는 것이다. 예를 들어, 카페라떼 한 잔을 안 마시면 그 10분으로 잠들기 전 아이에게 책을 읽어 줄 수 있고, 또 설거지를 할 수 있다. 신형 스마트폰을 안 사면 그 시간으로 30분 정도의 명상 또는 독서를 200-300번 할 수가 있고, 1시간 동안의 배우자와의 산책(데이트)을 100-150번, 또 1시간 정도 드는 아이들 숙제 돕기를 100-150번 할 수 있으며, 매월 2시간을 사용하는 자원봉사를 1년에서 1년 반 정도 할 수 있다.

프로 기사(바둑)가 되려면 이기는 법을 배우기 이전에 적게 지는 법을 배워야 하듯(조훈현), 부자가 되려면 벌기 전에 적게 쓰는 걸 익혀야 한다.

소비를 줄이고 낭비를 없애는 이 습관은 어린 시절부터 몸에 배어있어야 한다. 그렇지 않은 상태로 사회에 진출하면 낭비의 덫에 걸리기 십상이고, 오랜 시간 재정적 어려움에서 벗어나기 어렵다. 현재 어떤 재정적 상황에 처해 있든 간에 이제부터라도 소비는 줄이고 낭비는 없애는 습관을 들여야 한다.

절약, 돈을 지키는 기술의 시작

경제적으로 성공하는 데 특별히 높은 지적 능력이 요구되지는 않는
다. 절제력이 뛰어나고 창의력을 발휘한다면 충분히 성공할 수 있
다.[20](토머스 스탠리/세라 스탠리)

투자가 미래를 위해 현재를 희생하는 것이듯, 절약도 미래를 위해
지금을 희생하는 것이다. 절약한다고 반드시 부자가 되는 것은 아니
겠지만 부자들, 그중에서도 특히 슈퍼 리치들의 공통적인 특징에서
절약은 빠지지 않는다.

부자는 돈을 잘 다룬다. 이들은 저축하고, 투자하는 방법을 잘 알

---

20   토머스 스탠리/세라 스탠리, 274.

고 돈이 돈을 벌게 하는 등 돈 관리에 능숙하다.[21] 백만
장자가 되어도 절약을 유지하지 못하면 이내 쪽박을 차
게 된다. 수백억 복권에 당첨되어 큰 부자가 되어도 그
들 대부분이 3년 이내에 그 돈을 다 날리고 오히려 더
가난해진다고 하지 않는가?

　인생에서 가장 중요한 기술인[22] 돈을 지키는 기술의
시작은 절약이다. 절약하는 습관은 아주 어린 시절부터
우리 몸에 배어 있어야 한다. 이 습관이 돈을 이기게 한
다. 명품을 입고 최고급 외제 차를 몰고 다닌다고 해도
순자산이 마이너스라면 이는 성공한 것이 아니라 돈에
게 진 것이다. 반면 검소하게 입고, 소형차를 몰고 다녀
도 패시브 인컴으로 재정적 자유를 누리는 사람은 돈을
이긴 것이다.

1. 돈을 이긴 사람들에게는 몇 가지 원칙이 있다

　첫째, 소비 욕구를 물리친다.[23]

21　Thomas J. Stanley, 《The Millionaire Mind》.
22　"인생에서 가장 중요한 기술이 돈을 버는 기술이 아니라 돈을 지키
　　는 기술이다."(Michael Ellsberg)
23　Harry Kim, 《페리파토스》, 76-81.

예전보다 생활 수준이 향상되었음에도 행복감은 감소하고 있다. 소비 욕구 때문이다. 많은 사람이 소비 욕구를 채우기 위해 몸과 영혼을 팔고 있다. 이러한 병적 소비는 자신의 인생을 저당 잡혀 돈의 노예로 살게 한다. 이를 잘 알고 있는 전통적인 부자들은 자녀들에게 돈 버는 법보다 소비 욕구를 물리치는 법을 먼저 가르친다.

둘째, 소비문화를 거부한다.

소비문화를 거부하는 방법으로는 소비문화에 저항하고, 광고와 마케팅을 무시하고[24], 소비의 가능성을 차단하고[25], 푼돈 소비(The Latte Factor)[26]를 거부하며[27], 일주일에 하루 금(禁)쇼핑일을 정해 지키는 것 등이다.

셋째, 고정 비용을 줄인다.

집, 자동차, 여가와 문화 활동이 소비에서 차지하는 비중은 매우 크다. 이중 집과 차는 고정 비용에서 가장 큰 비중을 차지하고, 여가

---

24 광고와 마케팅은 사람들의 소비를 부추길 뿐 아니라 결국엔 필요 없는 것을 사도록 유혹한다. 광고, 온라인 앱들, 작품 속 광고 그리고 유명인사(celeb)의 상품 추천을 무시해야 한다.
25 "가족 모두가 '소비의 가능성'은 쳐다보지도 말고, 가까이 가지도 마라. 우리는 '소유물에 소유 당하지 않는 행복'을 누릴 권한을 잃지 않기 위해 TV를 멀리해야 한다."(도널드 밀러, 《재즈처럼 하나님은》, 229.)
26 David Bach가 만든 용어다.
27 "푼돈을 아껴야 큰돈을 번다."(워렌 버핏) 가볍게 생각한 푼돈이 비상금도 못 모으게 하고 나아가 빚까지 지게 하는 경우를 적절하게 표현하는 용어가 라떼 팩터다.

와 문화 활동에 드는 비용 역시 점차 고정 비용화되는 추세다.

고정 비용을 낮추면 더 많은 돈을 저축할 수 있다. 집은 고정 비용에서 가장 큰 비중을 차지하므로 자신의 소득을 고려하여 집을 구매할지 임대할지를 신중하게 결정해야 한다. 집이 자산이 되어야지 채무가 되어서는 안된다.

2. 절약과 삶의 질을 높이는 것을 동시에 추구하라

무조건 절약해야 한다는 생각으로 인생의 흐름을 지나치게 제한하면 부는 점점 멀어진다. 행복을 누리기 위한 적절한 소비는 자기를 위한 투자다.

첫째, 삶의 질을 높이는 가치 있는 경험에 투자하라.

여행, 봉사, 선교 등으로 나와 가족, 공동체, 아웃, 그리고 하나님 나라에 유익한 경험을 사는 데 적극적이어야 한다.

둘째, 건강한 관계에 투자하라.

건강한 관계 형성과 유지를 위해 돈을 쓰지 않으면 대인관계가 협소하기 쉽다.[28] 관계에 투자하여 대인관계를 넓혀 삶의 질을 높인다. 가족, 지인들, 멘토, 영적 친구, 또래 집단(peer group) 등과 관계를 성숙하게 하는 데 적극적으로 투자하라.

셋째, 시간 확보를 위해 투자하라.

독서, 혼자만의 시간(solitude), 커플 시간(couple time), 가족 시간(family time), 공동체와 함께하는 시간 등에 기쁘게 투자하라.

넷째, 다양한 기회를 얻기 위해 투자하라.

새로운 사업을 시작할 기회, 섬길(기부할) 기회, 아가페를 행할 기회, 환대할 기회를 얻기 위해 아낌없이 투자하라.

마지막으로 기부하라.

삶이 질을 높이기 위해 절약하며 조금이라도 기부하라.[29]

---

28 린다 그랜튼, 《일의 미래》, 216.
29 돈을 열심히 벌어서 자신이 원하는 라이프 스타일을 추구하고, 선한 일을 하는 데 쓰면 그 가치는 더욱 높아질 뿐만 아니라 돈이 점점 많이 벌린다.(린다 그랜튼)

PART 2

재정(Finance)

재정적 속박에서 재정적 자유로

돈을 모으지 못하면 가난한 자, 돈을 넉넉히 모으면 부자, 부를 구축하면 형통한 자다.

돈(Money)

벽돌 몇 개
당면한 문제 해결이 목적
생존을 위해
재정적 속박(가난)
액티브 인컴
십일조
가난한 자, the poor

재산(Riches)

모은 벽돌
건축이 목적
안정과 안전을 위해
재정적 안정
액티브+패시브 인컴
십일조, 기부
소비 부자, the rich

부(Wealth)

벽돌로 지은 집
가족의 안전, 쉼, 행복이 목적
형통한 삶을 누리기 위해
재정적 자유
패시브 인컴+복리
십일조, 기부, 기부단체 운영
자산 부자, the wealth,
형통한 자

재산 축적을 위한
4가지 지혜

1) 세 사람

재산과 관련하여 성경 속의 세 인물이 떠오른다.

첫째, 예수를 찾아왔던 부자 관원은 "모든 소유($\acute{\upsilon}\pi\acute{\alpha}\rho$ $\chi o\nu\tau\alpha$, 휘파르콘타)를 팔아 가난한 자들에게 나누어 주라" (마19:21)는 예수의 말씀에 근심하며 돌아갔다. 그에게는 크테마타($\kappa\tau\acute{\eta}\mu\alpha\tau\alpha$[1], ktemata, 사유재산)가 많았기 때문이다

---

1 크테마타는 '사유하다'를 뜻하는 동사 카타오마이($\kappa\tau\acute{\alpha}o\mu\alpha\iota$)와 연결
   되어 있다. 부자 관원은 많은 부와 재물들을 '정당하고 마땅한 사유자
   산들'이라고 굳게 믿는다. 부자 관원이 율법과 모든 계명들을 성실하
   게 다 지키며 많은 사유자산들을 소유했기 때문이다.(솔내음,《한국기
   독공보 현장칼럼 3》)

(마19:22). '자기 노동으로 모은 자기 몫'을 뜻하는 헬라어 크테마 (ktema)에서 파생된 크테마타는 남의 일자리를 빼앗거나 남에게 돌아갈 몫의 일부를 챙겨 모은 재산일 가능성도 있지만, 이렇게 모은 재산을 오직 자신만을 위한 사유재산으로 굳게 여기는 것이 문제다.

관련하여 '소유'의 헬라어인 '휘파르콘타'는 '독점사유자산'이라는 뜻이다. 이 낱말은 '휘포(hypo~아래)+아르코(archo, 지배하다)'라는 동사와 연결되어 있다.[2] 결국 부자 관원을 비롯한 삭개오 등의 부자들에게 재산이란 '자기 손아래 움켜쥔 독점사유자산들'이었다.[3]

"자신들의 재산(ktemata)을 팔아 각 사람의 필요에 따라 나누어 준" (행 2:45) 초대교회의 모습에 비추어 볼 때 성경적으로 살겠다는 이들에게 크테마타와 휘파르콘타는 정당한 재산일 수 없다.

부자 관원에게는 자기 영혼보다 크테마타가 더 소중했다. 그의 경건한 겉모습은 당대 최고였을지 몰라도, 그의 영혼은 맘몬에게 철저하게 포박되어 있었다.

둘째, 삭개오는 예수를 인격적으로 만나자 자신의 소유(ὑπάρχοντα)의 절반을 가난한 이웃에게 나누어 주고, 강제로 빼앗은 돈이나 물건은 네 배로 돌려주겠다고 선언했다. 삭개오는 맘몬의 노예로 살았지

---

2   솔내음.

3   솔내음.

만, 예수를 만난 후 자기 영혼을 위해 재산을 풀어 영혼을 되찾았다. 이로써 삭개오는 역사상 가장 위대한 재정적 용기(financial courage)를 발휘한 사람이 되었다.(눅19:1-11) 재정적 용기는 더 이상 돈에 져서 돈에 휘둘리지 않겠다고 결단하고 실천하는 것을 의미한다.

셋째, 아브라함은 축적한 재산을 독점사유 자산화하지 않고, 오히려 이웃을 '축복하는 자'로 살았다.(창12:1-5)

2) 재산을 축적하라

위 세 사람의 이야기가 주는 교훈은 '정당하게 재산을 축적하여 바르게 사용하라'는 것이다.

재산을 3대까지 이어가기가 쉽지 않고 4대까지 유지하기는 거의 불가능하나, 많은 유대인은 수천 년 전승되어 오는 유대인의 금융 지식으로 수백 년 또는 그 이상의 세월에 재산을 복리로 증식시키기까지 한다. 이게 가능한 이유는 두 가지다.

하나는 "재산 축적을 영성을 표현하는 중요한 방식으로 여기며"[4] 부를 구축하기 때문이고, 다른 하나는 조

4　다니엘 라핀, 51.

상들의 '수백 년 노예 생활'과 '40년 광야 생활' 그리고 '수천 년을 쫓겨다닌 디아스포라의 삶'이라는 그들의 고난을 바르게 해석하고 삶에 적용하기 때문이다.

우리는 유대인의 재산을 축적하는 지혜에서 교훈을 얻어야 한다.

첫째, 금융 지식을 배워야 한다.

금융 지식에 무지하여 젊은 시절에 재정적 속박에 빠져 평생을 고통당하는 이들이 적지 않다. 그러나 어린 시절에 익힌 금융 지식을 바탕으로 소득을 잘 관리하여 재정적 안정과 자유를 누리는 이들이 있다. 금융 지식이 부족하면 잘못된 소비, 빚, 부족한 소득, 노후 준비 부족 등으로 평생 재정적 고통을 당하게 된다. 반면 금융 이해도가 높은 사람은 재산을 모을 가능성이 상대적으로 높다.[5]

둘째, 재산을 축적하는 습관을 길러야 한다.[6]

나는 결혼을 위해 상대를 찾는 분들에게, 특히 재정적인 면에서 반드시 세 가지를 확인하기를 권한다. 그중 가장 먼저 확인할 것은 '그(그녀)가 얼마나 버느냐보다 얼마나 모았는가?'이다. 많이 버는 것도 중요하지만 얼마를 저축했느냐가 더 중요하다. "소득 대비 재산이 많

---

5 토머스 스탠리/세라 스탠리, 《이웃집 백만장자 : 변하지 않는 부의 법칙》, 108.
6 소득이 적어도 저축과 투자 모드로 사는 이들은 부자가 될 가능성이 있지만, 소득이 높아도 소비 모드로 사는 이들은 곧 가난해질 것이다.(베르너)

은 사람(ProdIgion Accumulator Wealth)이 있고 소득 대비 재산이 적은 사람(Under Accumulator Wealth)"이 있다.[7] 버는 자보다는, 모으는 자가 이긴다.(탈무드) 월급과 연봉을 아무리 많이 받아도 모으지 못한 사람보다는 월급과 연봉이 적어도 모아 재산화에 성공한 사람이 재정적 자유와 시간의 자유를 누리게 된다.[8]

셋째, 청지기 정신으로 저축하라.

저축의 목적이 단순히 재산을 증식하는 것이라면, 누구라도 사람들을 파괴로 이끄는 유혹이나 함정 또는 해로운 욕구들에 빠질 수 있다. 청지기 정신으로 저축해야한다.

넷째, 일정액을 지혜롭게(분산) 관리, 투자해야(portfolio)한다.

"돈을 항상 1/3은 토지, 1/3은 상품, 1/3은 현금으로나눠라."(탈무드) 이 돈은 평상시에 마음에 안정을 가져다주는 진정제가 되기도 하고, 기회가 왔을 때 그 기회

---

7   토머스 스탠리/세라 스탠리, 38.
8   진정한 부를 쌓기 위해 물건은 적게, 돈은 많이 갖고 있어야 한다. 돈은 현재가 아니라 미래를 위해 지불해야 하는 것이다.(베르너)

를 잡는 투망이 되기도 하고, 사고가 닥쳤을 때 위험으로부터 보호해
주는 안전장치가 되기도 한다.[9]

9   마크 스티븐슨, 94.

기부는 부의 비밀 열쇠다

돈과 사랑은 집착할수록 더 많은 문제가 생기는 것 같
다. 하지만 적어도 돈에 있어서는 손쉬운 해결책이 존
재한다. 정기적인 기부 행위를 통해서 돈에 대한 집착
을 버리는 의식을 행하라. 꽃을 가꾸는 데 햇빛이 필요
한 것처럼 부를 창출하는 데에는 인간에 대한 사랑이
필요하다.(부의 비밀)

이번 코비드 재난에서 빨리 벗어날 수 있었던 것은
백신이 빨리 개발되었기 때문이다. 보통 백신 개발하는
데는 10년이 필요하다. 그러나 코로나 발병 후 채 1년
도 지나지 않아 백신이 세상에 나왔다. 이를 가능케 한

것은 막대한 기금이었고, 이 기금을 주도한 것은 빌 게이츠 부부가 세운 '빌 & 멀린다 재단'의 자금이었다. 뉴욕타임스에 따르면 이 재단이 지금까지 백신에 쏟아부은 돈은 160억 달러(약 21조)에 육박한다.

1) 기부는 우리를 억누르는 어두운 세력들을 이기는 것이다

한 유명 배우가 수년 동안 수십억을 기증한 것이 밝혀져 화제가 되고 있다. 그 배우는 자신이 기부하는 이유를 "돈의 독을 빼내기 위해서"라고 말했다. 돈과 관련하여 어두운 세력을 이기는 유일한 방법은 기부다. "힘의 한 형태로서의 돈은 그 소유자와 너무나 밀접하게 연관되어있기 때문에 우리는 우리 자신을 내주는 일 없이 지속적으로 돈을 내어 줄 수가 없다."(바우먼)[10] 그래서 "기부는 우리를 억누르는 어두운 세력들에 대해 승리하는 것이다."(리처드 포스터)[11]

2) 기부는 부의 문을 여는 비밀 열쇠다

"후하게 베푸는 자는 번성할 것이다"(잠11:25)고 했듯이 "소유에 대한 우리의 집착을 끊어주기에 기부는 축복이 된다."(란디 알콘) 누구라도 소유에 대한 집착을 벗어나야 천국의 보물이라는 새로운 궤도에 들어갈 수 있다. 기부는 복을 완성하는 것이자, "부에 이르는 결정적

---

10   Zygmunt Bauman, 《Wasted Lives》, 53.
11   리처드 포스터, 45.

인 비밀이다."[12]

3) 기부는 행복 바이러스다

돈이 많이 모으면 안정 지수는 높아질 수 있으나 행복 지수는 높아지지 않는다. 돈이 많아 선택의 폭이 넓을수록 만족도가 떨어지듯 행복도 그렇다. 소위 '행복의 쳇바퀴'에 빠져든다. "'행복의 쳇바퀴'란 어제 고맙게 여겼던 것을 오늘은 당연한 권리로 여기고 한번 누리기 시작한 것에 대해서는 즐겁게 누리는 마음이 갈수록 줄어드는 심리 성향이다."(린다 그랜튼) 또한 재산이 많아지면 역시 재산이 많아 더는 행복하지 않은 이들과 어울리다 보니 행복 바이러스에 전염될 가능성이 매우 적다.

행복한 이들과 어울려야 행복하다. 그 최고의 방법은 가난한 이들을 행복하게 해주는 것이다. 그것은 기부 등을 통해 그들에게 가난을 면하도록 해주는 것이다. 우리는 바르게 열심히 일해서 벌 수 있는 만큼 벌되 행복을 유지할 만큼의 돈으로 살고, 나머지는 기꺼이 가난한 이웃과 세상을 변화시키는 행복 바이러스 전파에 적극적이어야 한다.

---

12   Tony Robbins, 《Money: Master the Game》

4) 기부하면 더 행복하다

"기부는 다른 사람들에게도 도움이 될 뿐만 아니라 자신의 인생에 대한 만족감도 높인다."(탈무드) 한 연구에 의하면[13] "기부하지 않고 '나는 대단히 행복하다'라는 이들보다 기부하며 '나는 대단히 행복하다'는 이들이 43%가 더 많다." 실제로 많은 기부자가 "주는 것이 받는 것보다 복이 있다."는 사실을 증명한다.[14] 그러니 "일단 적은 돈이라도 기부해라. 마음이 넉넉해지고 얼굴이 핀다."는 워렌 버핏의 말이 맞는다.

5) 기부가 소득을 늘리는 강력한 도구가 된다

"돈을 벌고 있는 것처럼 느끼는 가장 빠른 방법은 기부다."(탈무드) 기부를 하면 보다 성숙한 사람으로 보이게 하며 실제로 성숙한 사람이 될 가능성이 크다. 또 기부하면 기부하는 친구들을 알게 되어 인맥의 격이 높아지고, 결국 기부는 유능한 투자자가 되는 훈련에 도움을 준다.

---

13 《The 2000 Social Capital Community Benchmark Survey of 3000 American households》

14 Brad Hewitt/James Moline, 157-158.

재정적 자유에 이르기 위한
8단계

재정적 속박을 당하는 이들이 있다면, 그 속박에서
벗어나 재정적 안정을 누리는 이들이 있고, 패시브 인컴
이 증가해 재정적 자유를 누리는 이들도 있다.

재정적 속박	재정적 안정	재정적 자유
빚에 시달림	빚이 없거나 있어도 별 부담이 안 됨	빚이 없음
액티브 인컴에 의존	액티브 인컴 또는 액티브 인컴+패시브 인컴	패시브 인컴
삶에 여유가 없음	소득창출을 위해 일을 하나 일상이 안정적임	일, 시간에서 자유로움

1. 재정적 속박

빚에 쪼들리는 가난을 벗어나지 못하여 재정적 강박증을 벗어나지 못하고 있다면, 이는 재정적 속박 상태이다. 재정적 속박이 심해지면 누구라도 자신의 가장 깊은 두려움에 직면하게 되어 돈이 어떻게 사랑, 권력, 통제력 또는 자존감을 대신하게 되는지를 적나라하게 알게 된다.

1) 빚

빚이 월급을 대신하게 되었다. 누구든 쓸 수 있지만, 반드시 갚아야 한다. 문자 그대로, 한때 반항적이었던 가난한 이들을 자본주의의 영원한 지속에 묶어버리는 것이다. 빚은 완벽한 상품이고 미래는 새로운 시장이다.(파국의 시작)

인류의 80%가 빚에 의한 스트레스에 시달린다. 빚은 암이다. 이 암에 걸리면 당사자와 주변은 경제적으로나 관계적으로 엉망이 될 가능성이 높다. 뿐만 아니다. 빚은 우리의 창의력을 파괴한다. 빚에 쪼들리면 생존 모드(survival mode)에 빠진다.

생존의 문제는 인간에게 가장 원초적이며 기본적이다. 생존 모드에 처하면 우리 뇌의 야성(primitive)과 동물성이 작동한다. 우리가 동물이 되는 건 아니지만, 이성적으로는 최저이고 폭발력은 최고인 야수의 상태가 되어 비이성적이며 대단히 파괴적인 행동을 할 가능성이 매우 크다. 잔꾀와 바르지 못한 생각에 파묻혀 세상을 헤쳐나갈(going through) 도전정신과 창의성을 상실하게 된다.

가능한 한 빨리 빚 갚을 계획을 세우고 실행하라. 빚은 없애고 빚 갚는 데 들어가는 돈을 투자하게 되면 인생이 역전된다. 빚은 소비의 결과다. 소비하는 것은 '파괴하는 것'이다. 우리는 빚으로, 부를 소유할 수 있는 우리의 능력을 스스로 파괴하고 있는 것이다.

빚은 부의 구축을 막는다. 빚이 아무리 많아도 포기하지 말고 갚으려는 의지를 갖는 것이 중요하다. 그것만으로도 일에 대한 집중과 일상의 전반적인 영역에서 생산성을 높인다. 그러나 빚 해결에 올인하느라 심리적 여유를 잃으면 안 된다. 심리적 여유를 위해 적정액을 저축하며 빚을 갚아라.

2) 가난

가난한 자는 씨를 먹어 더 가난해지고, 부자는 씨를 뿌려 30배, 60배, 100배 결실을 맺어 더 부자가 된다. 가난은 의식주, 위생, 교육 등 생존에 필요한 것들과 분리된 상태다. 가난의 원인이 무엇이든 간에 가난의 고통은 가장 큰 고통이다.

이 고통을 이러저러한 의미로 당연하게 받아들이라고 강요하는 것은 바르지 못하다. 어떤 이들은 이 고통을 명예로 받아들이며 벗어나지 않으려 하나 이는 지혜롭지 못하다. 가난을 잘 이해해야 가난이라는 고통에서 빠져나올 수 있다.

첫째, 청빈과 가난은 다르다.

사전적으로 청빈은 '성품과 행실이 곧고 탐욕이 없어 가난함'이다. 여기서 '가난함'이란 진리와 자유를 누리기 위한 마음의 가난을 뜻하는 것이지 물질적 가난을 말하는 것은 아니다.

유대교에서는 부에 대한 반감이 없고 '청빈'이라는 발상이 없기 때문에, 가난함은 결코 명예가 될 수 없다. 물론 가난한 사람은 동정해야 한다. 하지만 탈무드에서는 "가난은 결코 부끄러운 것은 아니지만, 자만할 것도 못 된다."고 가르치고 있다.[15]

둘째, "가난은 잘못된 선택의 결과"[16]이자 습관이다.

---

15 카세 히데야키, 《세계를 지배하는 유태인의 성공법》, 190.

16 가난의 근원을 추적해 보면 잘못된 선택에서 시작되었음을 알 수 있다.(엠제이 드마코, 206.)

한국과 같이 어느 정도 경제성장을 이룬 나라에서 가난에서 벗어 나지 못하게 하는 몇 가지 공통적인 습관이 있다.

a. 도박

가난한 이들의 약 80%가 빚으로 빚을 돌려막거나 정기적으로 복권을 산다. 스포츠 도박을 하는 이들도 많다. 복권 당첨을 큰돈을 한방에 모을 기회로 여기지만 이렇게 요행수를 바라서는 가난을 벗어날 가능성이 없고, 복권에 당첨이 되어도 이내 가난해진다.

b. 시간 낭비

백만장자 연구가인 스티브 시볼드에 의하면 중산층은 소설, 타블로이드, 엔터테인먼트 잡지를 주로 읽는다. 가난한 사람들은 책보다는 사각 모니터(스마트폰, 컴퓨터 등)를 본다. 사각 모니터는 인간의 뇌에서 창의력과 이성적 판단 기능을 초토화한다. 이런 식으로 창의력과 이성적 판단 기능을 상실하면 가난이라는 감옥을 벗어날 수가 없다.

c. 잘못된 소비

가난한 이들은 예산을 건실하게 세우지 못하고 과소비, 충동 구매, 경쟁 구매가 자연스럽다. 이러한 소비로 자신의 돈을 부자에게 옮겨 준다. 돈은 어디에서 나왔을까? 롭 무어는 "가장 가난한 이들로부터 나온다."고 말한다.[17]

d. 저축하지 않는다

가난한 이들은 저축을 안(못) 해서 빚이 늘어나는 반면, 부자는 수입의 평균 20% 이상을 저축하여 재산을 늘린다.

e. 신용카드 사용

빚은 신용카드 사용에 비례하여 늘어난다. 이혼의 실질적인 원인의 50% 이상이 빚인데, 당사자들은 이혼소송에 드는 비용조차도 카드를 사용하는 경우가 대부분이다. 신용카드로 사치를 부리지 말고 수중에 있는 돈만 쓰는 습관을 들여보라. 비상금이 생각보다 빠르게 불어난다는 사실을 알 수 있을 것이다.[18]

f. 할부

할부 인생을 멈춰라. 특히 자동차 할부금은 대개 주택 융자 상환금

---

17 돈을 그들로부터 훔쳤거나 정부가 그들에게서 돈을 압수한 게 아니다. 가난한 이들은 말 그대로 돈을 부자들에게 준 다음에 세상이 정말로 불공정하며 불평한다. (Rob Moore, 77-78.

18 랍비 셀소 루키어콘, 59-68.

이나 집세에 이어 두 번째로 많은 액수이다.[19]

셋째, 가난은 대물림된다.

가난은 대물림된다. "경제적으로 하위 20% 이하의 가정에서 태어나 평균 소득 가정을 이루기까지 걸리는 세대수는 OECD 국가들은 평균 4.5세대이고 한국은 5세대로 150년 정도 걸린다."(권형욱)

3) 재정적 속박을 벗어나야 한다

재정적 속박을 벗어나려면 먼저, 재정적 속박을 벗어나기 위해 모든 고통을 감당하겠다는, 재정적 용기가 필요하다. 이 용기란 포로가 생명을 걸고 탈출하는 용기와 버금간다. 재정적 용기는 스스로 재정적 속박에서 벗어나게 하여 재정적 안정을 이루고, 결국은 재정적 자유를 누리게 한다.

둘째, 빚의 위험을 피해야 한다. 너무도 많은 이들은 빚 때문에 죽어가고 있다.[20] 빚의 위험을 피하려면 무조건 소비를 줄여야 한다. 소비로 생긴 빚이 재산을 소유

---

19   위의 책, 83-90.
20   Billy Epperhart, 89-92.

할 수 있는 우리의 능력을 파괴한다. 소비를 줄이는 것만으로도 빚이 줄어들고 재산을 모을 수 있는 능력을 회복할 수 있다.

셋째, 재정적 속박을 벗어나기 위해선 자산과 부채(빚)의 차이를 알아야 한다. 빚은 내 지갑에서 돈을 빼 가는 것이며, 자산은 내 지갑에 돈을 넣어 주는 것이다. 채무는 지출을 발생시키고, 자산은 소득을 만들어준다. 소득이 생기면 먼저 자산을 사고, 그 자산에서 생기는 소득으로 지출하라.

카드나 월부로 집, 자동차 등을 사면서 자산이라고 생각하지만 실은 부채다. 융자금 이자, 자동차 할부금, 신용카드 대금을 갚아야 하기 때문이다. 이렇게 갚아야 하는 돈 중들은 이자의 형태로 부자에게 흘러 들어간다. 기억하라. 돈은 지출하는 사람에게서 버는 사람에게로 흐른다.[21](롭 무어)

빚이 아무리 많아도 포기하지 말고, 갚으려는 의지를 가지는 것이 중요하다. 그 의지만으로도 일에 대한 집중과 일상의 전반적인 영역에서 생산성이 올라간다.

---

21 롭 무어, 40-41.

넷째, 가난을 선택하지 말아야 한다. 가난의 근원을 추적해 보면 모두 한 가지에서 시작되었음을 알 수 있다. 바로 잘못된 선택이다. 잘못된 선택은 가난의 주요 원인이다."[22] 현실적으로 이자와 소비 등으로 부자들에게 돈을 준 다음에[23] 세상이 불공정하다며 불평하는 가난한 이들이 그 어느 때보다 많다.[24] 이들은 도박하고, 돈 낭비와 시간 낭비를 못 벗어나고, 저축하지 않고, 신용카드를 무분별하게 사용하는 등의 잘못된 선택을 했을 가능성이 크다.[25] 부도 선택의 결과이듯[26] 가난도 선택의 결과다.

다섯째, 재정적 속박을 벗어나려면 가난이라는 안전지대(comfort zone)를 탈출해야 한다.[27] 가난을 벗어나기가 갈수록 힘들어지고 있다. 아무리 힘들어도 가난을 벗어나고자 결단하고, 공격적으로 그 해결 방법을 모색해

---

22 엠제이 드마코, 206.
23 가난한 자는 이자는 내고, 부자는 이자를 받는다.(탈무드)
24 2014년 연방준비제도의 보고서에 따르면…(롭 무어, 77-78.)
25 엠제이 드마코, 206.
26 토머스 스탠리/세라 스탠리, 115.
27 안전지대는 능력 향상에 가장 큰 장애로 작용한다. 어떤 분야에서건 안전지대에 들어가면 자신의 진정한 능력을 발휘하지 못하면서도 무의식적으로 이곳에 머물기 위해 애쓰고 싸운다.(브라이언 트레이시, 33.)

야 가난이라는 재정적 속박에서 벗어날 수 있다. 어떤 일이 있어도 재정적 속박에서 탈출해야 한다.[28]

미국의 한 지역에서는 거의 모든 가족이 푸드 스탬프(food stamp)[29]만으로 생활한다. 그중에 6대에 걸쳐 이렇게 사는 가족이 있다. 가족과 주변이 다 이렇게 살고 있어서 이를 당연하게 받아들이는 아이들은 가난을 극복하려는 시도조차 안 한다. 스스로 정해 놓고 만족하고 있는 이러한 소득 안전지대(comfort zone)를 벗어나야 한다. 안전지대는 능력 향상에 가장 큰 장애로 작용한다. 어떤 분야에서건 안전지대에 들어가면 자신의 진정한 능력을 발휘하지 못하면서도 무의식적으로 이곳에 머물기 위해 애쓰고 싸운다.

"잠재능력을 최대한 발휘하고, 현재보다 소득을 끌어올리고, 삶의 모든 영역에서 최상의 수준을 즐기는 열쇠는 자의식 수준을 끌어올리는 것이다. 당신은 무한한 가능성에 대해 생각하는 습관을 들여야 한다. 잠재능력에 관한 생각과 느낌을 바꾸는 것이 좀 더 많은 성취에 이르는 방법이다."[30]

여섯째, 가난하게 살아온 사고방식을 고쳐야 한다(remind setting). 사고방식을 고치지 않으면 복권에 당첨되어도 곧 무일푼이 되는 건

---

28 윌리엄 A. 스텐마이어, 《열심히 일해도 가난해지는 데는 이유가 있다》, 79-91.
29 저소득층에게 연방정부가 발행하는 식권으로, 이 스탬프로 특정 식품점에서 정상 가격 이하로 식료품을 살 수 있다.
30 브라이언 트레이시, 《백만불짜리 습관》, 33-34.

시간문제다.[31]

마지막으로, 게으르지 마라. 재정적 속박을 벗어나기 위해선 게을러서는 안 된다. "게으름은 영혼이 병들어 약해졌다는 증거다."(피터 로드) 게으른 모든 사람이 다 가난한 것도 아니고 가난한 사람들이 다 게으른 것은 아니지만, 게으름으로 영혼이 병들고 약해지면 재정적 용기를 발휘하지 못할 가능성이 그 누구보다 높을 것이다.

2. 재정적 안정

재정적 용기를 발휘하여 재정적 속박을 벗어나면 재정적 안정 상태로 진입한다. 이는 바로 재정적 성공이 이루어지고 있음을 뜻한다.

1) 재정적 안정에 이르는 효과적인 방법

빌리 에페하트(Billy Epperhart)는 목사이자 사업가이며 자선가(philanthropist)로 오랜 기간 '유대인이 부를 구축

---

31   토머스 앤더슨, 9.

하는 방법'을 연구하였고, 부를 구축하는 자신만의 방법을 만들어 부와 형통을 누리며 살고 있다.[32] 빌리 에퍼하트는 '부를 구축하는 방법'을 'The XXX factor'를 중심으로 그림으로 요약했다.

이 그림을 이용해 2022년 한국 국민의 가구당 평균 월 소득을 기준으로 재정적 속박을 당하는 이들이 어떻게 그 속박을 벗어나 재정적 안정을 누리고, 부를 구축하여, 재정적 자유를 누리게 되는지를 정리해보면 다음과 같다.

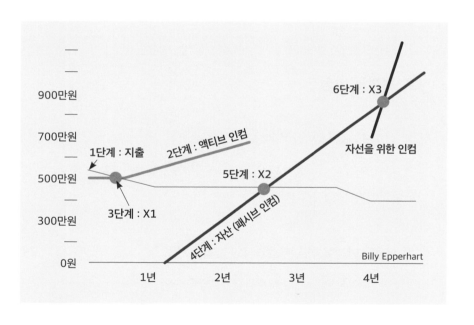

32   https://www.youtube.com/watch?v=BnI5sc0Nwvk

a. 소득

한국의 2022년 가구당 연간 평균소득은 약 6,415만 원으로 월 535만 원이다.

b. 소비

다양한 유형의 소비와 빚 때문에 재정적 속박에 처한 이들의 경우 월 535만 원 이상의 지출이 필요하므로 매월 적자다.

c. 재산 증식

소비를 최대한 줄여 소득과 소비가 같아지거나 소득이 조금이라도 많아지는 점에 도달해야 한다. 이때부터 비상금 10%를 제외한, 소득의 90%로 사는 고된 훈련을 해야 한다.

만약 소비를 10% 더 줄일 수 있다면 자신의 가치와 전문성을 기르는데 5%, 패시브 인컴 창출에 5%를 사용하라. 이런 식으로 소득의 80%로 살 수 있으면(인내할 수 있으면), 이미 재정적 속박에서 벗어난 거나 마찬가지이며, 재정적 안정을 누리게 되는 것은 시간문제다. 물론 월급도 오르겠지만, 소비도 줄고, 미소하나마 패시브 인컴이 창출될 가능성이 있는 등 자산 증식이 시작된다.

d. 패시브 인컴

패시브 인컴만으로도 생활이 가능해지는 수준에 도달하는 것이 관건이다.

e. 은퇴

패시브 인컴으로 생활할 수 있으면 액티브 인컴을 벌기 위해 하던 일에서 은퇴하라. 이때부터 시간에 구속받지 않는 최고의 자유와 커리어 스태그플레이션(career-stagflation)[33]의 스트레스로부터 완전한 해방을 누릴 수 있다.

f. 기부(자선)

"돈은 모아 두면 악취가 나지만, 흩어뿌리면 거름이 된다."(김장하)

액티브 인컴이 늘어나 생활이 어느 정도 여유가 생기면 바로 기부를 시작하라. 마이클 블룸버그(전 뉴욕시장)는 이렇게 말했다.

"패시브 인컴이 계속 늘어 자신과 가족이 재정적 안정을 적절히 누릴 수 있는 상태가 되면 그 이상의 소득은 전부 기부와 자선을 위해 사용

---

33   싫은 일을 억지로 하면서도 그 일을 잃어버리면 어쩌나 싶어 잔뜩 겁에 질려있는 상태 (데일 도튼, 《자네 일은 재미있나?》)

하라."

g. 자선단체(philanthropy) 운영

막대한 재산이 있는 사람은 그 재산을 다 쓸 수가 없다. 가장 좋은 방법은 그 재산을 자손들에게 물려주는 게 아니라 자손들을 위해 더 좋은 세상을 만드는 데 쓰는 것이다. 이것이 진정한 의미로 재정적 자유를 누리는 것이다.

3. 재정적 자유

5년 전, 모로코에서 사막 여행 중에 한국인 젊은 커플을 만났다. 이들은 결혼과 동시에 사표를 내고 장기간 세계 구석구석을 여행 중인 신혼부부였다. 물론 여행 비용은 퇴직금과 모은 돈으로 충당하고 있었고, 이들은 여행 후 재정적 어려움(속박)을 감수하고 있었다.

이와는 반대로, 6년 전, 중국 운남성 호도협의 차마고도를 트랙킹하면서 20대 유대인 부부를 만났다. 이들은 결혼 후 1년 6개월째 세계 여행 중이었다. 이 젊은 부부가 이렇게 긴 여행을 할 수 있는 자유를 누릴 수 있었던 것은 여행 중에도 계속 패시브 인컴이 창출되고 있기 때문이었다. 이들은 파이어족이거나, 이에 근접한 젊은 부부였다.

파이어족(financial indipendence/retier early)은 21세기 들어 새롭게 출현한 신인종이다.[34] 조상으로부터 물려받은 막대한 재산으로 재정적 자유를 누리는 이들도 있지만, 파이어족은 부유한 집안이나 "특정 민족 출신의 배경이나 조건 없이 '행동'만으로 재산을 모아"[35] 재정적 자유를 누리는 이들로 20~40대가 주를 이룬다. 이들에게는 "스스로 정한 목표와 이를 달성하기 위한 행동, 그 과정에서 방해 요인들과 반대자들을 무시하는 능력"[36]이 있다.

1) 재정적 자유의 유익함

파이어족이 가장 중요하게 생각하는 것은 시간적 자유이고, 이를 위해서 매우 건실한 재정적 자유가 뒷받침되어야 한다. 재정적 자유에는 여러 가지의 유익함이 있다.

첫째, 자유를 누릴 수 있다. "돈은 자유와 자립을 의미한다."(E. Bills) 원하는 때에(시간적 자유) 원하는 것을 할 수 있으며, 재정적으로 한계가

---

34 토머스 스탠리, 세라 스탠리, 22.
35 위의 책, 19.
36 위의 책, 19.

있는 사람들에게는 오지 않는 기회를 선택할 수 있다.

둘째, 성숙하고 생산적인 관계를 형성할 수 있다. 이들은 관계에 기반을 둔 네트워크를 형성하고, 그 구성원들은 최고의 거래와 투자 등의 기회를 제공한다.

셋째, 멘토의 도움을 받을 수 있다. 이들에게는 멘토가 있어 목표를 이루기 쉽다.

넷째, 기부하기도 쉽다. 대부분의 형통한 사람들은 기부(자선)한다. 재정적인 자유가 있으면 기부하기가 쉽다.

다섯째, 건강하다. 재정적 자유를 누리는 이들은 대개 신체 건강을 챙겨주는 트레이너가 있다. 또 이들은 가난한 사람들보다 더 건강하게 음식을 섭취하고, 많은 돈이 들어가는 의료혜택과 수술 등을 주저하지 않는다.

여섯째, 이들에게는 가용 자원이 풍부하다. 재정적 자유를 누리는 이들은 자원이 필요할 때 훨씬 빠르게 준비한다. 자녀를 특정 학군(지역)에서 양육하고 싶거나, 특정 지역에서 거주하고 싶거나, 여행하고 싶을 때 항상 필요한 자원이 준비되어 있다. 이들에게는 성취할 수 있는 더 나은 기회들이 있다.

마지막으로 다양한 경험을 할 수 있다. 부를 구축하면 원하는 것을 경험할 수 있다. 세계를 여행할 수 있고, 그림, 골동품 등의 소장품을 소유하거나 그들이 원하는 취미에 동참할 수도 있다. 부유하기 때문에 자녀들이 중요하다고 여기는 경험을 그들에게 선사할 수 있다.

2) 재정적 자유에 이르기 위한 8단계

누구라도 재정적 자유를 소망할 것이다. 그러나 재정적 자유에 이르기 위한 목표를 세우고 꾸준히 실천하는 자만이 재정적 자유에 이를 수 있다. 다음은 재정적 자유에 이르는 8단계이다.

1단계, 소비를 줄이고 낭비를 거부하라.

이스라엘의 위대한 왕 다윗은 "내 잔이 넘치나이다"라며 찬양했다. 재정적으로 부유한 자의 잔은 항상 넘친다. 잔이 넘치는 삶은 여유롭고 행복하다. 이런 의미에서 잔을 씀씀이로 본 '지혜'는 위대하다. 씀씀이 잔은 작을수록 잔에 담기는 것보다 많은 것이 흘러넘친다. 이 지혜를 전수한 이들은 부를 누린다.

필요한 것을 사는 것은 소비고, 원하는 것을 사는 것은 낭비다. 지혜자는 필요한 것을 줄이고 줄여 소비의 잔을 극소화한다. 지혜자가 이럴 수 있는 것은 "여호와는 자기의 목자셔서 부족함(want)이 없기 때문"이다.

우매한 자는 이렇지 못하다. 바라는 것으로 만족하려 하기에 낭비의 잔이 날로 커진다. 부를 누리는 자의 잔은 가장 작지만, 우매자의 잔은 그가 빠져 죽어도 남을 만큼 클 가능성이 크다.

잔을 극소화하라. 잔을 극소화하여 그 크기를 평생 유지하는 사람치고 부를 누리지 않는 이가 없다. 잔이 한 번이라도 커지게 되면 줄이기는 거의 불가능하다. 이는 태어나 가장 먼저 배워야 할 필수 금융 지식이다. 부를 누리는 자들은 자녀가 태어나는 순간부터 잔을 극소화하고 그 크기를 유지하며 사는 법을 생활 속에서 체득시킨다.

잔이 작을수록 행복하다. 잔이 작을수록 행복 바이러스가 넘쳐나고, 주의 은혜가 넘쳐난다. 부한 자들은 이를 누린다. 부를 누리는 자는 잔을 일시적으로 조금이라도 키울 수 있는 '선한 의도와 명분이라는 유혹(the trap of inflated spending)'에 넘어가지 않는다. 하나님의 사람이라면 잔을 극소화하고 그 잔에서 차고 넘치는 돈으로 하나님의 창고에 쌓고(give up), 이웃의 필요를 해결하거나 공익을 위해 아낌없이 사용해야 한다(give away).

가난한 자는 자신의 잔에 빠져 죽으나 부를 누리는 자는 자신의 잔에서 흘러넘치는 사랑(은혜와 돈)으로 이웃과 사회에 행복 바이러스를 퍼트린다(making shalom).

2단계, 돈벌이 능력을 길러라.

세상에 태어났다면 자기 생명을 보호하고 유지해야 한다. 이를 위해서는 돈벌이 능력이 있어야 한다. 이 능력이 모자라면 늘 생존 모드에 처해 어려운 인생을 살게 되고, 이 능력이 없으면 남의 도움 없이 생존할 수 없다. 따라서 돈벌이 능력을 기르는 것은 그 무엇보다 우선해야 한다.

3단계, 인내하라.

워렌 버핏에 의하면 "부자는 끈기로 무장된 사람"이다. 인내가 성공을 보증해주지는 않지만, 성공 확률을 극대화한다. 즉흥 구매는 빚과 신용카드를 남발한다. 인내는 우리를 행복으로 이끈다. 인내심을 갖는 또 다른 장점은 목표 달성을 위해 계속 노력할 수 있다는 것이다. 인내심을 발휘할 수 없다면 목표에 도달하는 것이 불가능할 겪을 것이다.[37]

---

37   Christian Beach, 《Personal Finance》.

4단계, 비상금과 종자돈을 모아라.

재정적 자유에 이르기 위한 4단계는 비상금과 종자돈을 모으는 것이다. 비상금으로 최소한 3달 정도의 생활비는 축적되어 있어야 하지만, 6개월 이상의 생활비를 비상금으로 저축해 놓는 것이 바람직하다.

목적한 비상금이 어느 정도 축적되면, 비상금으로 모으던 10%를 종잣돈으로 모아야 한다. 만약 하루라도 빨리 재정적 속박에서 벗어나 재정적 자유를 즐기려면 수입에서 10% 더 떼어내서 자기의 전문성(가치)을 높이는 데 사용하라. 수입의 80%로 살 수 있으면(인내할 수 있다면) 이미 재정적 속박에서 벗어난 거나 마찬가지고 최소한 다시는 재정적 족쇄에 묶이지 않게 된다.

5단계, 집을 구입하라.

모은 종잣돈으로 먼저 거주할 집을 구입하라. 전문가와 상담하여 생애 첫 주택을 구입하는 경우에 따른 세제 혜택 등을 이용하라.

6단계, 투자하라.

패시브 인컴에 투자를 시작하라.

7단계, 퇴직하라.

패시브 인컴으로 절약하여 검소하게 살아갈 수 있으면 퇴직하라. 퇴직하여 시간적 자유를 누려라.

8단계, 기부하라.

패시브 인컴만으로 살 수 있게 되면 기부를 시작하라. 패시브 인컴이 늘어날수록 기부의 비율을 높이고, 결국 목적한 단계에 이르면 이후부터 초과하는 모든 수입은 다 기부하라.

3) 재정적 자유를 누리는 이들의 습관을 따르자[38]

재정적 자유를 누리는 이들의 일상을 살펴보면 재정적 자유를 누리는 습관을 발견할 수 있다.[39] 이 습관을 따르지 않았을 때와 결과에서 상상할 수 없는 차이가 날 것이다.

부자와 가난한 자의 수명차를 보면 여성이 10년, 남성은 15년을 더 산다. 부자들은 지역과 무관하게 오래 살지만 가난한 사람들은 달랐다. 부자들이 많이 사는 지역에 사는 가난한 사람들이 그렇지 않은 지역에 사는 가난한 사람들보다 길게는 5년을 더 살았다. 이는 부자들의 행동 방식(습성과 태도)에 영향을 받았기 때문이다. 예를 들어, 뉴

---

38 돈이 복리로 불어나듯이 습관도 복리로 작용한다.(제임스 클리어, 《아주 작은 습관의 힘》, 34.)
39 Christian Beach.

욕시의 빈곤층이 디트로이트의 빈곤층보다 기대 수명이 큰 것은 부유층의 행동 방식이 빈곤층에 퍼져 가난한 사람들도 건강한 생활을 하게 되기 때문이다.[40]

이처럼 재정적 자유에 이르려면 재정적 자유를 누리는 이들의 습관을 따라 하는 것은 중요하다. 재정적 자유를 누리는 이들에게는 다음과 같은 공통적인 습관이 있다.

- 일찍 일어난다.
- 해야 할 일의 목록을 만든다.
- 독서를 한다.
- 홀로 있는 시간을 소중히 여긴다.
- 네트워킹을 한다.
- 시간 활용을 잘한다.
- NO라고 말하기를 주저하지 않는다.
- 목표를 정한다.
- 자신의 열정을 직업으로 승화시킨다.
- 자신감이 넘친다.
- 돈을 지혜롭게 관리한다.

---

40   세스 스티븐슨/다비도위츠, 《모두 거짓말을 한다》, 206-207.

- 자신에게 냉철하게 질문한다.

- 외주를 준다.

- 최소한으로 산다.

- 매일 배운다.

- 감사함을 표한다.

- 새로운 사람들을 만난다.

- 건강식을 한다.

- 정기적으로 운동한다.

- 부를 사회에 환원한다.

자녀에게 재정교육이 필요하다

　아이의 경제 관념이 부모의 소비 생활에서 온다는 것은 잘 알려진 사실이다. 또한 아이들은 지식 대부분을 관찰을 통해 얻는 데, 특히 경제 지식은 부모를 관찰하여 얻는다. 예를 들어 아이들이 장난감을 사 달라고 막무가내로 때에 쓰면서 부모가 어떻게 반응할지를 관찰하듯 말이다.[41]

　자녀에게 소비에 대해 바르게 가르칠 수 있는 곳은 가정뿐이다. 낭비하는 가정에서 자란 자녀는 평생 낭비

---

41   클라우디아 해먼드, 《돈의 힘》, 25-34.

의 늪에서 벗어나지 못하고, 절약하는 가정에서 자란 자녀는 평생 절약하며 산다. 결국 부모의 습관에 의해 자녀의 소비 성향이 결정된다.

> 소비를 사랑하는 태도는 어린 시절부터 시작된다. 물질적 부를 중시하고 이것을 부모다운 훈육이나 따스함보다 우선시하는 부모 밑에서 자란 아이들이 소비에 탐닉할 가능성이 크다.[42]

부자 부모일수록 자신들이 절약해서 사는 모습을 자녀들에게 보여준다. 이를 보고 자라며 절약이 몸에 밴 아이들은 평생 재정적 자유를 누리게 될 것이다.

1. 자녀에게 패시브 인컴으로 살 수 있는 유산을 남겨라

자녀에게 액티브 인컴으로 살아가는 것을 유산으로 넘겨주면, 자녀들 역시 액티브 소득으로 살게 될 가능성이 크다. 자녀에게 액티브 인컴만으로 사는 것을 당연하게 여기는 문화를 넘겨주어서는 안 된다.

결혼 상대를 찾는 이들이 특히 재정적인 면에서 확인할 두 번째는 "가능한 한 빠르게 재정적 자유와 시간적 자유를 누리는 것을 목적으

---

42 린다 그랜튼, 《일의 미래》, 318.

로 그(그녀)가 패시브 인컴 창출에 얼마나 전략적인(지혜로운)가"이다. 자녀가 행복한 가정을 꾸며 부를 누리며 살기 원한다면, 먼저 가능한 패시브 인컴 창출에 익숙해지도록 보여주며 이끌어야 한다.

2. 소득 창출에 관한 공부를 최대한 많이 시켜야 한다

"한국 20대 60% '금융 문맹'… 선진국은 초등학생도 금융교육", 이것은 몇 년 전 동아일보 기사의 제목이다. 더불어 2008년 글로벌 금융위기 이후 "세계 각국은 금융교육에 공을 들이고 있다."는 소식을 전하면서 "미국, 캐나다, 영국 등은 학교 교육에 금융교육을 의무화하고 '금융 문맹(文盲)' 사회가 과잉부채, 신용불량, 빈곤 등의 문제를 일으킨다는 점을 깨닫고 사회안전망 구축 차원에서 금융교육을 강화하고 나섰다."는 것이다.[43]

---

43 '국민 금융 이해력 조사'에 따르면 한국인의 금융 이해력은 66.2점(100점 만점)으로 경제협력개발기구(OECD)가 정한 최소 수준(66.7점)에 못 미쳤다. 조사 대상자의 47.7%는 낙제점을 받았다. 특히 20대의 금융 이해력은 62.0점으로 60대(64.2점)보다 낮았다.(동아일보, 2018년 12월 4일자)

소득 창출을 위해 첫 번째로 금융지식을 가르쳐야 한다. 금융지식은 부모가 자녀에게 물려줄 수 있는 가장 소중한 유산이다. 워렌 버핏은 "조기 경제교육이 평생의 부를 결정한다."고 했다. 금융교육은 빨리 시작할수록 좋다. 금융교육의 시작은 절약 훈련과 패시브 인컴 창출에 대한 지식을 가르치는 것이다. 많은 인재가 금전적으로 고생하거나 자신의 능력에 비해 소득이 적은 이유는, 패시브 인컴 창출에 대한 지식이 없기 때문이다. 패시브 인컴을 창출할 줄 모르면 재정적 자유를 누릴 수 없다.

둘째, 재정관리력을 길러주어야 한다. 자녀에게 건실한 재정관리력을 키워주어야 한다. 재정관리란 소득과 지출을 올바르게 관리하여 재산을 늘려나가는 것이다. 재정관리력을 키워주는 시작은 절약, 저축, 기부 정신을 심어주는 것이다. 이는 자녀들에게 어릴 때부터 돈(돈의 유혹)을 이기고 돈을 선하게 사용하게 하여, 자녀에게 일평생 맘몬을 이기고 형통에 이르는 삶의 기초를 잡아주는 것이다.

셋째, 종자돈을 모으는 훈련을 시켜야 한다. 자녀의 나이와 수준에 맞는 투자를 위한 종자돈을 모으는 훈련을 시켜야 한다.

3. 일(투자)를 가르치며 돈은 일의 보상임을 알게 해야 한다

우연의 일치인지 중학교 3학년 두 여학생이 각각 약 5천만 원을 소유하고 있었다. 한 학생은 부유한 가정에서 자라면서 받은 용돈을 저축하여 모은 것이고, 다른 학생은 중산층 가정에서 자라면서 틈틈이 아르바이트하거나 주말에 공원 장터에서 장난감과 액세서리 등을 팔아 생긴 소득으로 주식 등에 투자하여 모은 돈이다. 용돈을 차곡차곡 모은 학생도 대견하지만 아르바이트나 장사하여 번 돈으로 주식 등에 투자한 학생은 금융 지식을 활용하고 있다는 점에서 성장하여 재정적 안정과 재정적 자유를 누릴 가능성이 크다.

무엇보다도 자녀들이 '돈은 부모의 지갑에서 돈이 나온다'는 생각을 버리게 하고, '일해야 돈이 생긴다'는 생각을 가지게 해야 한다. 이 시기가 빠를수록 재정적인 자유를 누릴 확률이 높다. 공돈은 재정적 속박의 미끼다. 이 맛에 길들기 전에 일의 신성함과 소득을 얻는 훈련을 시켜야 한다.

4. 자녀에게 기업가 정신을 심어주어야 한다

직장인 정신	기업가 정신
직장인(종업원, 자영업자)	기업가(창업가, 사업가, 투자자)
직장에 의지, 상황에 동화됨 시간에 구속당함 액티브 인컴 스펙 리더십 절제, 성실, 인내 훈련	시간에 구속받지 않음 자립심, 주변과 상황을 변화하려는 의지 패시브 인컴 시너지를 창출하는 리더십 시스템을 운영하여 시너지를 창출
상황이 닥치면 반응함(reactive) 짜인 틀(계획) 안에서 안정적임 계획을 넘어서는 일을 꺼림 주도적 결정을 꺼림 매뉴얼에 충실	주도적, 모험적(proactive) 안정을 거부하고, 변화지향적임 계획을 넘어서기를 두려워하지 않음 주도적 결정을 선호함 협상(타협)에 능함
안정과 편함을 추구 성실하게 일함 고착, 경험 실패를 두려워함	끝없이 도전함 지혜롭게 일함 아이디어, 창의력 실패를 두려워 하지 않음

5. 헌금과 기부를 가르쳐라

유대인이 첫 열매(렘27:26,30,32), 십일조와 헌금을 드리는 것은 하나님이 자신의 공급자이심을 고백하는 믿음의 행위이며, 선조들이 걸어간 옛적 선한 길(렘6:16)이다.[44] 아이들에게 헌금에 대하여 가르치는 것

---

44   크래그 힐/ 얼 피츠 공저, 《그리스도인의 재정 원칙》, 148.

은 하나님이 주신 부를 누리게 하는 소중한 가르침이다.

결혼 상대를 찾는 이들이 특히 재정적인 면에서 마지막(세 번째)으로 확인할 것은 "그(그녀)가 선한 일에 얼마나 적극적으로 기부하고 있는가"이다. 기쁨으로 자원하여 기부하는 자는 천사보다 아름다운 마음을 소유한 자이며, 그의 기부는 천사의 선행 그 이상의 가치가 있다. 뿐만 아니라 자원하는 기부는 삶을 정신적 · 영적으로 풍요롭게 한다.

그러므로 "자신을 위해서는 절약하고, 도움이 필요한 이들에게는 많이 주도록"(알버트 아인슈타인) 자녀를 훈련시켜야 한다. 강원모에 의하면, "기부가 어릴 때부터 생활화되어 있는 유대인 경제교육의 원리는 쩨다카(Tzedakah)[45]로 상징되는 베풂과 나눔에서 출발하여 노동교육, 경제교육, 리더십교육으로 이행하며 완성되는 알고리즘 구조로 되어있다고 볼 수 있다."[46]

---

45 쩨다카의 어원은 '의'라는 뜻의 히브리어 쩨데크에서 온 말이므로 구제를 위한 기부라고 번역하는 것이 정확하며, 사회에 존재하는 불평등을 해소하기 위한, 사람 사이에 마땅히 있어야 할 '의'를 세우는 행위를 의미한다.(최명덕, "유대인의 가족 개념과 쩨다카", 2006, 89-90.)

46 부를 누리는 자들은 돈을 어떻게 벌어야 하는지를 교육하기에 앞서 올바르게 쓰는 것을 먼저 가르친다. 기부금은 스스로의 노동을 통해 벌어서 마련해야 하므로 자연히 노동 및 경제교육이 수반될 수밖에 없으며, 어릴 때부터 부모와 함께하는 자선활동을 통해 배운 공동체

6. 부를 가르쳐라

자녀에게 부에 관한 다음의 여덟 가지를 가르쳐야 한다.

1) 부는 신성한 노동의 대가로 번 소득을 재산화하면서부터 가능
   하다.
2) 재산이 축적되면 부의 구축을 시작할 수 있다.
3) 부는 믿음(원칙)을 지혜롭게 살아낸 결과다. 얼마나 많은 돈을 가
   졌느냐와 무관하게 현실을 믿음으로 살아내는 지혜가 없다면,
   부를 누릴 수 없다. 부는 믿음을 지혜롭게 살아내는 이들에게 주
   어지는 축복이다.
4) 부는 소명(일)을 성취하는 과정이자 결과이다. 소명을 성취하는
   자가 부를 누릴 수 있다. 부는 하나님의 계획과 일 가운데 자신
   의 운명을 이해하고 그 역할을 올바르게 수행하는 것을 포함한
   다.[47]
5) 부는 성숙한 관계(connection)의 결과다. 윌리스 D. 위틀스에 의
   하면 "부는 사람들과의 교류를 통해 얻을 수 있다." 가족과 친지
   들과의 관계가 성숙하여 시너지를 낼 수 있는가? 친구들과 또

에 대한 헌신은 어른이 되었을 때 사회를 이끌어갈 지도자의 자질을 함양하는 과정이
된다.(《유대인 하브루타 경제교육》, 56–57.)

47 기술, 재능과 은사들, 사역과 영적 성숙이야말로 진정한 부이다. 이는 자신의 그릇을
    이해하고 자신에게 주어진 영역(은사, 재능, 전문성) 안에 있는 지혜도 포함한다.

동료들과 시너지를 창출하는가? 자신의 지갑이 자신의 유일한 친구인 것과 같은 비극은 없다.

6) 부는 존경받는 것을 포함한다. 존경받지 못하면서 부를 누릴 수 없다. 존경받음의 시작은 선한 마음과 선한 행실이다.

7) 부는 셀프 리더십의 결과이다. 셀프 리더십은 사람들이 자신 주위에 몰려들게 하여 시너지를 내는 능력이다. 이 능력은 섬김과 지혜에서 나온다.

8) 부는 평안을 누리게 한다. 부는 하나님과의 만남에서 오는 영적 건강에서 시작하여[48] 몸의 건강, 성숙한 관계 등의 총체적으로 조화를 이룬 상태로 평안을 누리는 것이다.

---

48 평안은 죄와 시기와 질투에서부터 자유롭게 해준다. 부자(재산이 많은 이들) 중에 얼마나 많은 이들이 알코올 중독, 마약 중독, 성 중독의 노예로 살고 있는가? 이들은 재산은 많아 부자이기는 하지만 부에서는 너무 멀리 있다.

PART 3

지혜(Going Through)

부를 이루는 지혜

부를 구축하기 위해서는 몇 세대를 이어가며 '원칙(믿음)을 살아내는(going through) 지혜'가 필요하다.

지혜란 무엇인가?

    사전적인 의미로 지혜는 "사물의 이치나 상황을 제대로 깨닫고 그것에 현명하게 대처할 방도를 생각해내는 정신의 능력"[1]이다. 성경에서 지혜는 "마음에 원하는 바를 효과적인 수단으로 얻고자 할 때 나타난다." 인간이 가진 지혜는 탁월한 실용적인 속성이 있으며 기교적인 기술을 포함하여(출28:3) 군사적인 용맹성(사10:13) 등과 도덕적으로 의심스러운 목적을 지닌 사악한 책략(왕상26)까지도 지혜로 표현되었다.[2]

---

1   《다음사전》
2   《청지기 성경사전》

지혜의 시작은 일상을
원칙(믿음)으로 살아내는 것이다

삶의 전 영역을 원칙(믿음)으로 살아내는 것은 지혜자의 운명이자 소명이다. 원칙(믿음)이 일상과 통합된 삶을 살아내는 데에 지혜가 필요하다.

1) 시간은 소중하다[3]

시간은 일상의 중요한 한 축이다. 시간과 관련하여 사람들은 두 부류로 나누어진다. 시간을 자신들의 경험과 관습과 지침이 연속되는 크로노스(chronos)로 이해하는 이들 있고, 하나님의 개입, 중재, 침묵 등이 진행되는 카이로스(kairos)로 받아들이는 이들이 있다. 시간을 지

---

3 기독교는 시간을 가장 먼저 성화시킨 종교이다.(마르바 던)

혜화하는 지혜자는 후자에 속한다. 시간을 카이로스로 받아들이는 이들에게는 예배하는 시간도 일하는 시간도 소중하고, 기도하는 시간만큼 생각하는 시간도 소중하고, 자원 봉사하는 시간도 집에서 가사 노동하는 시간도 소중하다. 물론 직장에서 일하는 시간이 소중한 만큼, 귀가하여 자녀들과 노는 시간도 소중하다. 카이로스는 지혜를 배우고 지혜와 대화하는 시간이기 때문이다.

2) 지혜는 공간(space)을 처소(place)로 만든다

우리가 주도하는 공간을 하나님이 통치하는 처소로 만드는 일은 거룩하다. 공간은 우리의 관습과 이성이 주도하는 곳이라면 처소는 하나님 통치가 이루어지는 영역이다. 집도 일터도 처소가 될 수 있다. 화려하게 꾸민다고 해서 그곳이 처소인 것도 아니고, 초가삼간의 허름한 곳이라고 해서 처소가 아닌 것도 아니다. 지혜의 왕인 아기 예수가 태어난 마구간이 카이로스가 진행되는 처소였지, 크로노스가 연속되는 화려한 헤롯 궁이 처소였던 것은 아니다. 지혜는 공간을 처소로 만든다.

3) 일상

지혜는 '크로노스가 작동하는 공간에서 이루어지는 일상'을 '카이로스가 작동하는 처소에서 이루어지는 일상'으로 변화(transformation)시킨다. 이 카이로스가 작동하는 처소에서는 아가페 사랑이 낮아짐과 섬김과 환대로 실천된다.

4) 일은 '아보다'다

일과 비즈니스는 생존을 위한 수단 정도가 아니라 가족을 부양하는 일이며, 이웃을 섬기고 사랑하는 것이며, 환경을 보호하는 아보다다.

히브리어 아보다를 정확히 표현하는 영어 단어는 없지만 그나마 적절한 단어가 서비스(service)다.[4] 지혜는 일을 아보다화한다. 아보다는 물질적인 축복을 나누는 일, 이웃과 사랑과 섬김을 주고받는 일, 환경을 지키는 일, 하나님을 섬기고 예배하는 일 등 네 가지를 다 포함하는 거룩한 일이다.[5]

---

4   Harry Kim, 《아보다》, 22.
5   위의 책, 21.

지혜롭게 일하라

한 성공한 사업가가 은퇴와 동시에 아들에게 사업을 물려주었다. 사업을 물려받은 아들이 아버지에게 사업 성공의 비결을 물었다. 아버지는 "신뢰와 지혜"라고 답했다. 그러자 아들이 물었다.

"신뢰를 어떻게 지키셨습니까?"

"예를 들어 월요일 아침까지 납품을 약속하면, 주말 내내 철야 작업을 해서라도 반드시 월요일 오전에 납품을 끝냈다."

아들은 고개를 끄덕이며 또 물었다.

"그럼 지혜는요?"

"지혜는⋯." 아버지는 빙그레 웃으면 말했다.

"월요일 아침까지 납품하겠다는 약속을 하지 않는 것이다."(탈무드)

우리가 처한 상황이 열심이지 않아서 생긴 문제인가, 지혜롭지 않아서 생긴 문제인가? 일개미를 보라. 일개미처럼 살아온 열심은 기계로 대체할 수 있지만, 지혜는 그 무엇으로도 대체할 수 없다. "그러므로 열심히 일하지 말고, 지혜롭게 일해라."(탈무드)

지혜는 결단이다

성취도가 높은 사람들의 대표적인 특징은 신속한 결정 능력(속도)이다. 결정 사안 중 80%가 즉각적인 결단을 요구한다.[6] 삶은 성장과 성숙과 성공을 지향하도록 정해져 있다. 이를 방해하는 내·외적 장애들을 어떻게 제거하느냐가 관건이다. 그 가장 효과적인 방법이 결단(decision)이다.

결단은 '끊어버리다, de(from)+cision(cut)'로 '단호히 버린다'라는 의미가 강하다. 이미 택했던 것을 포기하고 다른 것을 취할 수 있는 선택(choice)과는 다르다.

---

6   댄 밀러, 《나는 춤추듯 일하고 싶다》

지혜자는 내·외적 장애들에 직면할 때마다 계속되는 결단을 통해 이것들을 단호하게 '끊어버린다'.

> 누구든지 나를 따라오려거든 자기를 끊어버리고….(예수)

지혜는 방법이다

믿음이 원칙이라면, 지혜는 원칙을 살아내는 방법이다. 가장 위대한 왕인 솔로몬은 가장 지혜로웠던 왕이다[7]. 솔로몬의 위대함은 그가 남긴 위대한 업적 이전에 그가 하나님께 지혜를 구했다는 데 있다. 이런 이유로 솔로몬의 또 다른 이름은 '방법(전략)의 왕'이다. 솔로몬을 지탱시켜 준 것은 지혜였다. 지혜의 힘은 무기를 능가한다. 그러므로 "지혜를 얻는 것이 은을 얻는 것보다 낫고, 황금을 얻는 것보다 더 유익하다."(탈무드)

---

7   솔로몬의 지혜는 그 정치적 수완에 있어서(왕상10.23-24), 인간의 본성을 지각하는 데 있어서(3:16-25), 그리고 자연의 역사와 문학, 대중적인 잠언(4:29-34)에 이르기까지 폭이 넓다.(청지기 성경사전)

수세대가 경험을 쌓고 또 쌓는 과정에서 생겨난 지혜를 중시하면 실패가 드물다. 고대의 지혜자들, 특히 탈무드에 정통한 사람은 세금 면제 등의 특별대우를 받았다고 한다. 지혜자라는 존재만으로도 사회에 혜택을 준다고 생각했기 때문이다.[8] 모든 재산을 팔아서 지혜를 사라는 지혜자의 말에 순종하는 자는 복되다.

1) 지혜의 교훈은 분명하다

지혜를 중시하며 지탱해 온 역사가 황금만능주의와 지식과 정보 그리고 스펙으로 무장된 이 시대에 주는 교훈은 분명하다. 우리가 소중히 여기는 황금만능주의와 지식과 정보만으로는 우리의 운명은 슬픈 그림자를 벗어날 수 없다는 것이다.

2) 지혜 없는 자에게 운명은 미소 짓지 않는다

어떤 사람이 지혜로운 사람인가? 미래를 볼 수 있는 사람(예언자)이 아니라 낳은 알에서 무엇이 부화할지를 아는 사람이다. 지혜란, "오늘 일어난 사건들이 내일 어떤 결과로 나타날지 아는 것이다."(탈무드)

3) 지혜를 찾으면 복이 있다

잠언에 의하면 "주님은 지혜로 땅의 기초를 놓으셨고, 명철로 하늘

---

8   카세 히데아키, 91-94.

을 펼쳐 놓으셨다. … 지혜를 찾는 사람은 복이 있고, 명
철을 얻는 사람은 복이 있다.”(3:)

지혜와 분별

24시간 연중무휴로 쏟아지는 뉴스의 속도에 맞춰 기회가 왔다가 사라진다. 빅 데이터(및 작은 데이터)가 핸드폰을 통해 우리의 주머니 속으로 쏟아져 들어온다. 접근 불가능한 정보는 없지만, 거의 모든 정보는 큰 스토리나 틀이 없으면 이해할 수 없다. 쭉정이와 알곡을 걸러내는 것은 정보화 시대에 항상 존재하는 과제다.

오늘날의 비즈니스 문화에서 진정으로 부족한 것은 지식이나 정확한 지표, 시장에 대한 접근성이 아니라 지혜다.[9]

아름다운 마음들이 모여서 상처를 주고받는다. 전형적인 관계의

---

9   Greg Leith, the CEO of Convene

역설이다. 아름다운 마음은 마음의 균형을 잡아주는 분별력이 유지될 때 성숙해지고 아름다운 열매를 맺는다. 분별력 없는 아름다운 마음은 대개 마음의 주인뿐만 아니라 그 마음 가까이에 있는 이들에게 상처를 준다.

아름다운 마음이 끝까지 아름다운 마음을 유지하며 아름다운 열매를 맺기 위해서는 분별력이 필요하다. 그 시작이 지성이다. 기도하면 분별력이 생긴다고 하지만, 지성 없는 기도는 분별력과는 거리가 멀다. 그렇다고 기도를 무시해도 된다고 생각하지 마라. '지성+기도(영성)'가 분별력이다.

분별력이 매우 성숙하여 보통 사람이 그 날카로움을 전혀 못 느끼는 정도가 되어야 지혜이다. 감성의 무경계스러움과 분별의 차디찬 날카로움이 만나 오랜 시간 함께한 화학반응의 결과물이 지혜다. 이런 이유로 영적 감성과 영적 지성을 다 포함하는 말 그대로 총체적 영성인 지혜는 하나님의 방법으로, 모든 어려움이 스스로 물러가게 하는 능력이 있다. 그래서 사람들은 지혜를 사모하며 그 가까이에 머물기를 소망한다.

우리에게 영적 감성과 분별의 예리함을 넘어서는 영적 지성이 최고의 균형을 이룬 지혜가 필요하다.

1) 삶은 선택의 연속이다

분별력이 없으면 모든 선택이 엉망이고 일상은 혼란이다. 선택은 분별의 영역이고, 분별의 뿌리는 지혜다. 지혜가 협상(해결) 능력을 극대화한다. 분별력과 지혜는 협업의 제왕이자 쌍둥이다.

2) 지혜는 초월적 방법으로 협상 능력을 포함한다

분별에 따른 결정을 가장 효과적으로 바르게 실행하는 것이 지혜다.[10] 지혜는 초월적 방법이다.

지혜에는 협상 능력을 포함한다. 반대자들을 설득하고, 함께하는 이들의 시너지를 모으고, 비용(이익)을 분배하는 데 협상 능력이 필요하다. 협상은 성경(구약)에서 기도보다도 더 자주 등장한다. 아브라함뿐만 아니라 성경에 등장하는 다른 인물들 역시 훌륭한 협상가였다.[11]

---

10 하나님은 지혜를 구한 솔로몬에서 부와 명예까지 주셨다.(왕상3:11-13)
11 랍비 셸소 쿠키어론, 78.

지혜와 레버리지

지렛대를 뜻하는 레버리지는 '누군가의 시간, 에너지, 돈을 사용하여 자신이 원하는 바를 성취하는 것'이다. 누가 레버리지하느냐에 따라 악한 레버리지가 될 수도 있고, 선한(아보다) 레버리지가 될 수도 있다.

악한 레버리지는 "한쪽이 포식자가 되어 상대를 먹잇감으로 삼아 상대를 레버리지하는" 것이다.(롭 무어)

선한 레버리지는 "서로를 위해 일하는 것이다. 그러니 서로의 관계를 상하 관계가 아니라 동반자 관계로 봐야 한다. 사람의 시간과 기술을 통해 얻을 수 있는 최고의 레버리지는 호의적인 관계이다."[12] 이런 의미에서 선한 레버리지는 아보다를 실천할 수 있는 최고의 지혜다.

---

12   롭 무어, 《Money》, 269-270.

지혜와 기도

1) 기도

기도는 기도자 안에 거하시는 하나님의 능력이 자연스럽게 발산되도록 문을 여는 것이다. 분별이 필요할 때 기도에 집중하고, 지혜가 필요할 때 기도에 올인하고, 협상 능력이 필요할 때 하나님께 열심히 구하는 것은 유아적 수준인 주관적 기도이다.

늘 기도하며 하나님을 마음에 모시고 있는 자에겐 하나님이 거하시기 때문에 분별력과 지혜와 협상 능력이 필요할 때에 이것들이 역사한다. 기도는 필요한 것을 간청하는 것이 아니라, 기도자 안에 거하시는 하나님의 능력이 자연스럽게 발산되도록 문을 여는 것이다.

2) 기도와 공부

"하나님은 천 가지의 예물보다도 한 시간의 학습을 더 기뻐하신다."
(랍비 벤 요셉)고 믿는 유대인들은 실제로 학습과 연구에 평생을 집중하여 "성경을 계속 묵상하되 현실에 적용할 수 있는 방법을 찾아낸다. 이것이 유대인들이 경건하지만 공허한 이상주의에 빠지지 않고 현실 세계를 성공적으로 살아갈 수 있는 비결이다. 다른 모든 종교에서 신에게 기도하는 글귀를 외우거나 나름의 언어로 신을 부르는 행위가 믿음으로 여겨졌다면, 유대교에서는 성서를 배우고 연구하는 일이 하나님에게 기도하는 행위로 여겨진다. 이런 측면에서 유대교는 그야말로 '교육의 종교'이다."(카세 히데야키) '기도+공부'의 결과가 '기도' 또는 '공부'의 결과보다 생산성이 높다는 것을 배워야 한다.

3) 공부와 소득

공부는 지혜를 담는 그릇을 준비하는 것이다. 공부를 많이 할수록 지혜를 담는 그릇이 커져서 아이디어를 생산화하고, 시스템의 효율을 높이고, 소득을 높이는 레버리지 능력이 향상된다. 이런 이유로 공부(learning)에서 소득(earning)이 나온다는 말이 가능하다.

공부가 공부하는 자의 가치를 높인다. 가치가 높아지면 소득이 늘어난다. 예를 들어, 공부하여 전문 자격증을 딴다거나 고시에 합격하면 소득이 늘어난다. 또 성공한 이들과의 네트워크에 속하는 데 필요한 인문학적 소양을 높이기 위한 공부도 열심히 해야 한다.

PART 4

일(Avodah)

소명으로서의 일

아담과 하와가 죄를 짓고 에덴동산에서 추방되기 전까지 인간의 일터는 낙원이었다. 일은 그 낙원의 주요한 요소였고, 예배였을 뿐만 아니라 성취감과 보상이었다.(Dennis Bakke)[1]

우리가 하는 모든 일은 세 가지로 분류된다.

첫째는 사람들의 생존에 필요한 것(need)을 제공하고 삶의 질을 높이도록 하는 일이고, 둘째는 편안함, 아름다워지고 싶은 욕망 등 사람들이 원하는 것(want)을 해결하는 일이며, 셋째는 마약, 매춘, 고리대금업 등 이웃을 위해서 해서는 안 되는(harmful) 일이다.

이 중에 우리가 우선해야 하는 일은 사람들의 필요를 해결하는 일이다.

전통적인 유대인 문화를 깊숙이 들여다보면, 다른 사람의 필요(need)에 부지런히 주의를 기울이는 것과 명예롭고 믿음이 가는 자세로 행동하는 것이 부를 얻을 수 있는 유일하고도 진정한 방법이라는 확신이 자리 잡고 있다.[2]

다음으로 사람들이 원하는 것을 해결하는 일이다. 그러나 이웃과 인류를 해롭게 하는 일은 거부해야 한다.

---

1   Dennis Bakke, 《일의 즐거움》, 280.
2   다니엘 라핀, 34.

아보다(소명을 이루는 일)를 택하자

세상은 자기가 좋아하는 일을 하며 돈을 벌라고 한다. 과연 그럴까? 자기가 좋아하는 일을 하며 돈을 벌수 있다. 그러나 이는 일에 대한 자세가 이기적이다. 이기적인 생각으로 최고의 직업을 가질 순 있으나 소명을 실천할 수 없고, 재산을 모을 수는 있으나 부를 구축할수는 없다.

대부분은 '자아'를 실현하며 살고, 극소수가 '소명'을 이루며 산다. '자아'를 위해 사는 이들에겐 우선 생존 자체가 삶의 목적이자 의미이며, 쾌락까지도 된다.[3]

---

3 이런 생존 모드 기준에 합당하려면 벌이가 좋거나, 사회적인 필요에
   직접 반응하거나, 근사하고 신나는 직업군이어야 한다.(팀 켈러)

우리는 소명을 이루기 위한 일(아보다)을 택해야 한다.

1. 일이 소명이다

1) 우리 모두에게는 할 일이 있다

우리 모두에게는 할 일이 있다. 그것도 아주 고차원적인 일인 하나님의 피조물을 경영하는 것이다. 이것은 이 땅의 모든 남녀노소가 받은 소명이다. 모든 직업, 우리가 살아가기 위해서 또 한 끼 양식을 얻기 위해서 하는 모든 일은 그것이 아무리 사소한 것이라 할지라도 세상을 경영하라는 이 명령에 비추어 볼 수 있다.

일은 신성하고 존엄하며, 소명이다.[4] 일에 존엄성이 깃들어 있다는 깊은 확신은 어떤 일이 되었든 그 속에 강력한 힘을 불어넣는다.[5]

2) 우리는 소명을 이루며 살아야 한다

일에 대한 소명 의식이 없고, 또 일에 대한 존엄성을 모르거나 인정하지 않는다면, "누구라도 스스로 하나님의 손과 손가락이 되어 인간 공동체를 섬긴다는 개념이 사라지고, 극도로 제한된 범위 안에서 직

---

4 당신의 비즈니스를 당신의 사역으로, 당신이 하는 시장에서의 사역을 당신의 비즈니스로, 그리고 모든 경영을 당신의 삶의 사역으로 여기십시오.(Khoo Oon Theam)
5 다니엘 라핀, 27.

업을 선택한다. 때문에 잘 맞지 않거나 너무 경쟁이 치열해서 대다수가 성공을 거두기 힘든 분야에서 일하는 청년들이 부지기수가 된다."(David Brooks) 그러니 자기가 하는 일에서 어떤 의미를 찾지 못한다거나 만족하지 못하는 건 당연한 것이 아니겠는가.

자아를 위해 사는 성도들은 "저마다의 능력이나 달란트, 수용력에 어울리느냐와 상관없이 지극히 빈약한 상상력을 동원해서 자아상을 북돋는 방법을 찾아내고 거기에 부합하는 일자리를 택한다."(David Brooks) 이렇게 되면 성도와 세상 사람과 구별될 구석이 없다.

우리는 소명을 이루며 살아야 하기에 소명을 이루기 위한 직업을 택해야 한다.

3) 소명을 이루는 직업 선택을 위한 다섯 기준

첫째, 자신의 재능을 발휘할 수 있어야 한다.

둘째, 성격과 성향(tendencies)이 맞아야 한다.

셋째, 가치, 꿈, 그리고 열정을 실현할 수 있어 한다.

넷째, 가족과 이웃 그리고 사회에 유익을 끼칠 수 있어야 한다.

다섯째, 자기 개발이 가능해야 한다.

2. 일에 대한 영적, 도덕적 자부심(self-esteem)이 최고가 되어야 한다

인간의 정신과 육체가 일치할 때 몸이 최고의 능력을 발휘한다. 자기 일이 자부심을 가져서 자신이 하는 일에 내재된 도덕성에 깊은 확신과 도덕적으로 정당하다는 자부심을 가질 수 있다면 그 결실은 상상을 초월한다. 자기 일에 떳떳한 사람이 부를 구축하는 것은 당연하다.

3. 일 윤리를 지켜야 한다

바른 일, 바른 보수, 정당하게 일한 것에 대해서 정당하게 보수를 주고받는 일 윤리를 지켜야 한다.

재능을 극대화하라

소명은 일의 동기(motivation)이고, 이 동기를 실현하는 기술적 능력은 재능(talent)이다. 동기는 강력하지만 재능이 없으면 또 재능은 탁월하지만 동기가 없으면 생산력을 기대할 수 없다. 강력한 동기와 탁월한 재능이 시너지를 이룰 때 최고의 생산성이 보장된다.

누구나 다 재능을 부여받았다. 재능은 이 세상에서 생존하고, 또 가족과 이웃, 공동체의 평안을 실현하고 인류의 공영에 이바지하도록 부여받은 복을 극대화하는 능력이다.[6]

---

6   Gene Edward Veith Jr., 《God at Work》.

이스라엘 민족이 가나안에 들어가 그들 스스로 식량을 구할 능력을 갖추게 되자, 만나는 중단되었다. 이후로 백성들은 하나님이 주신 재능으로 자신들의 필요를 채우게 되었다.

재능은 생존을 넘어 이 땅에서 소명을 이루기 위한 것이다.[7] 세상은 재능으로 작동한다. 재능의 극대화는 탁월한 재능을 전제로 한다. 자신의 탁월한 재능을 극대화하여 인류를 섬기는 것은 마땅한 일이요, 하나님의 주신 부를 극대화하는 사역이다. 19세기에 천연두가 500만 명의 목숨을 앗아갈 당시 종두법을 개발하여 인류를 천연두에서 구한 에드워드 제너[8]가 좋은 예가 된다.

> 천연두 백신이 처음 개발되었을 당시에는 내로라하는 성도들이 '하나님의 뜻'을 거스르는 처사라며 접종 반대 의사를 밝혔다. 나로서는 그들과 정면으로 대치되는 얘기를 할 수밖에 없다. 백신을 개발한 에드워드 제너야말로 하나님의 뜻을 성취해낸 용감한 인물이었다. 주님이 그토록 사랑하는 백성들을 치료해서 건강하게 만들지 않았는가?(필립 얀시)[9]

---

7   Harry Kim, 《크리스천 사업가와 BAM》, 168.
8   Jenner, Edward(1749-1823)는 영국의 의학자로 우두접종법을 발견하였다.
9   필립 얀시, 《기도》, 470.

일과 원칙(믿음)의 통합

일과 원칙의 통합은 회복의 시작이다. 이는 일터에 생명력을 불어넣는, 그러니까 생명력이 없는 흙이 되어버린 땅을 생명력이 있는 토양으로 만드는 것이다. 식물의 재배가 가능한 영양소가 있는 땅이 생명력을 잃어 재배할 수 없는 흙이 되었다. 실낙원 이후 생존만을 위한 일은 일터를 황폐화한다. 아보다를 상실하고 예배도 없고, 섬김도 없고, 쉼(안식)도 없이 오직 생존과 자기 성취에 투쟁하는 악성 말라카 시스템 속에 살게 되었다. 그리하여 땀을 흘리며 엉겅퀴를 제거하고 식물을 심는 과정에서 토양이 흙으로 변했다. 토양의 땅이 그 효력을 잃은 것이다.(창4:12)

토양은 살아있고 흙은 죽어있다. 한 숟가락의 토양 안에는 수십억 개의 박테리아와 균류, 원생동물, 선충류 등이 들어 있다. 그리고 토양 한 움큼 안에는 지렁이, 절지동물, 기타 육안으로 확인할 수 없는 벌레 등이 많이 들어 있다. 건강한 토양은 다양한 생물체들이 모여 사는 아주 복잡한 세계라 할 수 있다.[10]

흙을 토양으로 살려내는 것이(그럴 수만 있다면) 제2의 창조이듯, 타락한 일터를 아보다화하는 일 역시 제2의 창조이다. 이 위대한 과제는 일과 믿음을 통합시키고자 하는 소명 없이는 불가능하다.

1) 일터와 일상은 아보다를 실현하는 장(place)이어야 한다

초기 기독교인들은 일상을 포기하고 선교지로 갔다기보다는, 매일매일의 온갖 역경을 믿음으로 극복하면서(going through)[11] 일터와 일상 그 자체를 아보다와 평안을 실현하는 장으로 삼아 'Life as Mission' 의 충실한 삶을 살았다.[12]

---

10 크리스 마틴슨, 《크래시코스》.

11 마2:8, "Bethlehem he said Having gone($\Pi o \rho \epsilon v \theta \acute{\epsilon} v \tau \epsilon \varsigma$) search carefully(INT)" "베들레헴으로 가서 부지런히 찾아보고(또는 자세히 알아 보고..)"와 같이 Having gone은 Going through의 의미가 강하다.

12 "$\pi o \rho \epsilon v \theta \acute{\epsilon} v \tau \epsilon$(Having gone) $o \tilde{v} v$(therefore), $\mu \alpha \theta \eta \tau \epsilon \acute{v} \sigma \alpha \tau \epsilon$(disciple) $\pi \acute{\alpha} v \tau \alpha$ (all) $\tau \grave{\alpha}$(the) $\acute{\epsilon} \theta \nu \eta$(nations)…" 여기서 $\pi o \rho \epsilon v \theta \acute{\epsilon} v \tau \epsilon$는 영어 'go'로 번역되기도 하고, $\pi o \rho \epsilon v \theta \acute{\epsilon} v \tau \epsilon$이 분사형이니 인터내셔널 영어 성경(INT)에서처럼 'Having gone' 으로 번역되기도 한다. 그래서 이 헬라어 본문은 "As you go through life, make disciples."로 번역할 수 있고, 이를 한국어로 번역하며 "너희는 너의 일터와 일상을

미국의 대단히 성공한 사업가인 로버트 슬로건(Robert. E. Slocum)에 의하면, 초기 로마 교회의 장로는 아래와 같이 살았을 것이라고 한다.

그리스도 사후 300년간 번영했던 기간은 성직자도 없고, 신학교도 없고, 교회 건물도 없었다. 그 당시 교회는 종교 전문가가 아닌 지역의 장로들에 의해 유지되었다. … 로마의 한 장로는 가죽 일을 하는 사람이었는데, 도로변 가게 위에서 다른 가죽공들, 제화공들과 함께 살고 있었다. … 그의 사역(섬김)의 대상은 그의 가족, 친구들, 고객들, 동료들, 심지어는 거리와 골목의 위, 아래에 있는 경쟁자들이었다. 이러한 신앙인들의 삶과 사역 때문에 그리스도의 몸은 늘 그 현장 속에 살아있는 것이었다.

이것이 바로 초기 제자들의 전형적인 모습이었고, 기독교 초기 300년 동안은 바로 이들에 의해 역사상 가장 활동적으로 평안이 실현되고 있었다. 이러한 모습은 역

(믿음과 탁월한 전문성으로) 극복해 가면서, 제자 삼아…"라는 뜻이 된다. 여기서 '일터와 일상을 (믿음과 탁월한 전문성으로)'은 저자가 추가했다.

시 가죽 장인이었던 바울이 자신의 일터(σχολή, Skole, workshop, 행19:9)를 'Life as Mission'의 장으로 삼았던 것과 매우 유사하다.

여기서 σχολή은 서원(school) 또는 학교(school)로도 번역(메시지 성경)되고 있지만 당시의 사회학을 연구하는 학자들에 의하면, 스콜레는 학교(school)보다는 작업장(workshop)으로 사용했다는 주장이 매우 유력하다. 이를 뒷받침해 주는 근거가 12절에 나오는 손수건(soudarion)과 앞치마(simikinthion)다. 이때나 지금이나 가죽을 세공하는 이들에게 손수건과 앞치마는 반드시 필요한 작업복의 일부였다. 바울은 스콜레에서 일하면서 성경을 가르쳤다. 행 19:12절에 바울의 '손수건', '앞치마' 이런 말이 나온다. 이것은 바울의 가죽작업 복장으로 보인다. 당시 많은 workshop(작업장)들이 skole이란 이름으로 불렸고 … 그래서 아마 바울 혹은 바울 그룹의 멤버들이 작업장(가내 수공업 공장)을 빌려 썼을 것이라는 것이 가장 유력한 추측이다.(박영호)

성숙한 사람이라면 자신의 일터와 일상을 아보다를 실현하는 장으로 삼아야 한다.

2) 자신이 하는 일(비즈니스)의 존엄성과 도덕성을 항상 높게 평가하라
"자기 일이 부끄러운 사람은 실패를 자초하는 반면, 자신이 하는 일에 떳떳한 사람은 부자가 된다."(고대 잠언) 하는 일 자체의 존엄성과 도덕성을 항상 높이 평가하지 않고서는 자기 일에 떳떳할 수 없다.

3) 자존심(ego)을 버리고 자부심으로

자존심은 모든 기회를 고비용 저효율화하고, 자부심은 저비용 고효율화한다. 자부심은 자신감(confidence)을 가지게 한다. 자신감을 가지는 순간 이미 80%는 이긴 싸움이다. 그러므로 자기 일에 자부심 없이 일터로 향하는 것은 패배를 인정하고 전쟁터로 향하는 것과 같으며, 자기 일에 자부심을 품고 일터로 가는 것은 이미 승리한 전쟁을 확인하러 가는 것이다.

4) 영혼을 집에 남겨둔 채 출근해서는 안 된다

원하든 원하지 않든, 일은 자기 영혼의 상태를 드러낸다. 일은 일하는 자의 영혼을 드러낸다. 출근하기 전, 자기 일의 더 깊은 의미를 깨닫는 시간을 가져보기 바란다.[13]

5) 바쁘지 마라

---

13   죠셉 텔류슈킨.

바쁜 삶의 황폐함(barrenness)에 경계(조심)하라.(소크라테스)

하루 8시간 노동해서 800개의 제품을 만드는 노동자가 주문이 밀
려와 14시간 일해서 1,400개를 만들었다면, 이는 생산량(production)
은 늘었지만 생산성(productivity)이 늘어난 것은 아니다. 일하는 시간
을 늘려 생산량을 높이는 건 당연히 발전성이 없다. 이내 도태된다.

하버드 대학교의 한 연구에 따르면 "지식 노동자가 바쁠수록 브레
인스토밍과 같은 창의적인 사고 활동을 덜 하는 것으로 나타났다. 그
들은 통찰력이 떨어졌고 동료들보다 업무가 덜 창의적이었다."[14]

생산성을 높이는 것은 시간 관리가 아니라 마음 관리다. 시간 관리
는 시간이라는 자원을 최적화하고, 마음 관리는 창의적 에너지 자원
을 최적화한다. 시간 관리를 철저히 하며 바쁘게 살수록 인생은 후진
하고, 여유를 가지고 마음 관리를 잘하여 창의성을 발휘하면 인생은
전진한다.

당신이 일에 치여 바쁘게 산다면 인생(life)을 거꾸로 사는 것(evil)이
다. 창의력 부족한 노동자들이 설치는 사회는 곧 황폐해진다. 그래서
무작정 바쁘게 사는 것은 인생을 거꾸로 사는 것이고, 다른 이들에게
이를 강요하는 것도 악이다. 사고방식(mindset)의 대전환(회개)이 필요
하다.

14　David Kadavy, 《Mind Management, Not Time Management: Productivity
　　When Creativity Matters》.

사고방식을 고쳐라(Do remindset) 천국이 가까웠느니라.(Jesus)

6) No라고 말하기를 주저하지 마라

No라고 말해야만 하는 상황에서 Yes라고 말하면 그 대부분이 실패로 이어지고, No라고 말하고 싶으나 Yes라고 대답하면 그 대부분이 실수로 이어진다. No라고 말하기를 주저하지 않는 것은 '정말 성공한 사람'에게 있는 용기이고, 나의 No를 상대방이 자연스럽게 받아들이게 하는 것은 지혜다.

성공한 사람과 정말 성공한 사람의 차이점은 정말 성공한 사람은 거의 모든 것을 거절한다는 것이다.(워렌 버핏)

7) 일 중독에 빠지지 마라

일로써 지나치게 자신을 증명하고, 꿈을 이루려 하면 일 중독에 빠지게 된다. 일 중독은 자신에게는 중병이고 타인에게는 폭력이다. 아래의 인용글은 졸저 《아보다》[15]에서 가져온 것이다.

---

15   196-197.

성공에 대한 집착, 도피 등이 원인인 일 중독은 자신과 타인에게 가하는 폭력이다.[16] 일 중독에 빠지면 오로지 자기 사업에만 집중하게 되어 주변의 모든 사람을 자기의 삶에 들어오지 못하게 막는다. 그래서 일 이외에는 다른 것을 볼 수도 없고, 들을 수도 없으며, 말할 수도 없다. 그뿐만이 아니다. 일 중독에 빠진 사업가는 일 외의 다른 모든 것을 배제한다. 그리고 일을 탁월하게 해내는 것과 완벽주의, 생산성에 집착해서 쉼 없이 일에만 몰두한다. 사업가가 일 중독에 빠지면 가족을 포함한 다른 사람과의 성숙한 관계가 사라진다. 그런데 "훨씬 비극적인 일은, 일 중독에 걸린 사람은 하나님과의 순전한 관계에서 멀어지게 된다는 사실이다."[17]

8) 성공지상주의(Careerism)를 경계하라

자신이 하는 일의 궁극적인 목적이 자아 성취이고, 일에서의 성공이 바로 인생의 성공을 의미한다면, 그리고 얼마나 많은 물질적 부를 소유했는지, 전문성을 어느 정도 인정받는지, 신분이 무엇인지로 자신의 성공 여부를 평가한다면 성공지상주의에 빠진 것이다. 팀 켈러가 말했듯이 이렇게 되면 일 그 자체가 하나님이 되는 "짝퉁 하나님으로 변하게 된다."

---

16 David Shibley / Jonathan Shibley, 《Marketplace Memos》, 120-122.
17 팀 켈러, 《거짓 신들의 세상》.

9) 좌절하지 말라

자신의 계획이나 사업이 도중에 실패로 돌아갔다고 좌절하지 말라. 좌절은 실패라는 태클에 넘어져 미래를 포기하겠다는 최악의 선택이다. 좌절의 원인으로는 무능력, 무기회 그리고 무운 등이 있으나 이들을 소망과 지혜로 극복해야 한다.

10) 실패의 교훈을 배워라

아프리카 속담에 미끄러져 넘어졌을 때 "넘어진 곳을 보지 말고 미끄러진 곳을 보라."고 했다. 넘어진 곳을 보면 '변명'을 하게 되고, 미끄러진 곳을 보면 '교훈'을 얻는다는 말이다.   교훈 없는 성공보다는 교훈을 얻는 실패가 결국은 최종 성공의 지렛대가 된다. 실패를 두려워하거나 변명하지 말고, 실패에서 교훈을 얻고 배워라. 그 교훈의 계단을 다 올라가야 성공을 이룰 수 있다. 실패에서 교훈을 얻지 못하는 것이 가장 큰 실패다.

11) 미래를 준비하라

성실하고, 성숙하며 품위 있는 태도로 타인에게 도움이 되는 삶을 사는 것이 미래를 위한 최상의 준비다. 그 다음으로 전문성을 기르고, 창업을 위해 자산을 모으고.

미래에 함께 사업할 동료를 찾는 것 등이 필요하다.

12) 일할 수 있는 최상의 상태에서 일터로 향해라

새벽에 마라톤을 하거나, 장례식장에서 밤을 새우거나, 외국 여행 갔다가 새벽에 귀국하여 지친 상태에서 또는 밤새 술 마시고 숙취 상태에서 출근하지 마라. 금식과 철야기도를 하여 몸이 지친 상태로 일터로 향해선 안 된다. 이렇게 출근해서 일을 제대로 해내지 못하는 것은 개인적인 생산성이 엉망이 되는 것은 물론, 직장인이라면 고용주의 것을 훔치는 것이다.

13) 부지런하라

부지런함의 열매는 富智run이다. 부(富)와 지혜(智)는 함께 달린다(run).

14) 불평하거나 화내거나 다투지 말고 말조심해라

불평하거나 화내고 다투는 것은 생산적으로 사용해야 할 에너지를 고갈시키는 것이다. 이는 일을 대하는 성실한 태도가 아니다.

15) 겸손하고 정중하게 조언을 구하라

조언을 구하는 것만으로도 문제의 80%가 해결될 수 있다. 늘 믿음과 인생과 사업에 관하여 지혜의 구할 멘토들을 가까이하라.

16) 업무에 탁월해야 한다

자신의 업무에 탁월한 것이 직장에서 자신의 믿음을 드러내는 최고의 비결이다. 자신의 업무에 대한 탁월함으로 동료와 회사를 섬겨야 한다. 믿음과 일을 분리하지 마라.

17) 성실하고 정직하라

근무 시간에 사적인 전화나 잡담, 인터넷 검색 등에 시간을 허비하지 말고, 회사의 사무용품을 개인적으로 사용하는 것도 금해야 한다. 하나님은 고용주의 눈으로 당신을 관찰하신다.

18) 동료들과 함께, 또 그들을 통해 일하는 법을 배워라

혼자 일하는 사람은 많은 것을 성취할 수 없다. 자신이 얼마나 많은 일을 할 수 있는지 또 얼마나 탁월한지는 몰라도, 다른 이들과 함께 다른 사람을 통해 일할 수 없다면 크게 앞서나가지 못할 것이다.

19) 상대방의 필요(needs)에 민감하라

섬김과 비즈니스의 어원은 '사람들의 필요를 해결해 주는 것(to meet their needs)'이다. 사람들의 필요에 민감히 반응하는 것이 비즈니스뿐만 아니라 모든 일의 동기가 되어야 한다.

가장 무능해 보이는 직원이 협상의 적임자가 될 수도 있다. 대부분의 기업은 가장 직급이 높은 사람을 협상에 내세운다. 하지만 연구 결과, 협상에 참가하는 사람의 권한이 강할수록 상대방의 필요(needs)에 주의를 덜 기울이는 것으로 나타났다. 이 말은 파이를 키울 가능성이 그만큼 줄어든다는 것을 의미한다. 사실은 가장 직급이 낮은 사람이 적임자일 수 있다. 참으로 아이러니한 일이 아닐 수 없다.(스튜어트 다이아몬드)[18]

20) 다른 사람의 노동에서 잇속을 차리지 마라

다른 사람의 이마에 흘러내리는 땀방울에서 잇속을 차릴 욕심으로 감히 공의로우신 하나님의 도움심을 청한다는 건 정말 이상한 노릇이 아닐 수 없다.(링컨)

21) 다른 이의 품삯을 떼먹지 마라

품삯은 하루 벌어 하루 먹는 이들의 생명줄이다. 품삯을 늦게 지급하는 것은 그들을 굶기는 짓이고, 품삯을 떼어먹는 건 간접 살인과 다

---

18   스튜어트 다이아몬드, 《어떻게 원하는 것을 얻는가》, 142-143.

를 바 없다.

22) 다른 사람의 일자리를 빼앗지 마라

예수는 남의 일자리를 빼앗지(taking job) 말아야 하며,
오히려 일자리를 창출(making Job)하여 일꾼들을 공정하
게 대할 것을 강조한다.

> 난 내 남편이 대통령이 된 것보다 남의 일자리를 빼앗
> 지 않고 이 자리에 이른 것이 더 자랑스럽습니다.(미쉘
> 오바마)

PART 5

관계(Connection)

성공, 행복, 건강은 관계에 달려있다

우리의 인생 전체는 사람 사이의 관계로 이루어져 있다. 고용주, 종업원, 직장동료, 동업자, 고객과 소비자 등의 상호관계가 우리의 비즈니스를 결정한다. 사업을 잘하는 기술이라는 것도 다름 아니라 당신이 관여하는 사람들을 얼마나 잘 다루는가에 달려 있다. … 당신이 밝은 미소로 아름다운 말을 걸 때, 당신이 따뜻하고 친절할 때, 당신이 마음을 열어 진지할 때, 사람들에게 존경과 관심을 표할 수 있고, 호의와 신뢰를 쌓을 수 있다. 무엇보다 당신의 변화는 그 어떤 일도 성사시킬 수 있는 환경을 말한다.[1]

1 《비즈니스 바이블》, 43.

성숙한 관계가 보장하는 것들

관계 맺기에 서툴러 성숙한 관계를 형성하지 못하는 사람이 많다. 그러나 이 영역의 탁월한 전문가인 존 맥스웰이 제안하는 방법은 의외로 간단하다.

당신의 문제를 내려놓고 다른 사람을 생각하면서 그들이 누구이고 무엇을 원하는지 이해해보려는 의지가 있다면, 다른 사람과 관계를 맺을 수 있다. 진정 누군가를 돕고자 한다면 관계 맺기는 좀 더 자연스럽고 덜 기계적인 것이 된다. 관계 맺기에서는 그저 다른 사람이 우

선이라는 사실을 끊임없이 되새기기만 하면 된다.[2]

1) 성숙한 관계는 건강을 보장한다

인간은 온전하고 올바른 관계, 즉 성숙한 관계 속에 있을 때만 진정으로 건강할 수 있다.[3] 사랑, 양육, 인정, 존경 그리고 보살핌을 받고 지원받는다고 느낄수록, 행복하고 건강해질 가능성이 높아진다. 성숙한 관계는 건강을 보장한다.

2) 성숙한 관계는 성공을 보장한다

성공을 이루게 하는 85%는 성숙한 관계이다.[4] 성공적인 삶을 사는 사람들에게는 반드시 친밀한 관계의 협력자가 있다는 사실이 이를 잘 증명해 준다.[5] 우리가 살아가면서 이루어내고 성취하는 모든 것은 다른 사람과 상호작용한 결과[6]이다. "우리가 다른 사람이 원하는 것을 얻을 수 있도록 먼저 돕는다면, 그들도 당신의 원하는 것을 얻게 해줄 것이다."[7] 이것이 관계의 보상이자 관계가 우리에게 주는 성공 공식

---

2 존 맥스웰, 《인간관계 맺는 기술》, 35.

3 John Wilkinson, 《The Bible and Healing: A Medical and Theological Commentary》(Grand Rapid:Eerdmans, 2002), 7.

4 카네기 공대 졸업생을 추적 조사한 결과, 그들은 이구동성으로 "성공하는 데 전문적인 지식이나 기술은 15%밖에 영향을 주지 않았으며, 85%가 인간관계였다."라고 말했다고 한다.(이민규, 《1%만 바꿔어도 인생이 달라진다》, 245.)

5 위의 책, 245.

6 존 맥스웰, 37.

7 위의 책, 48.

이자 부의 공식이다.[8]

3) 성숙한 관계는 행복을 보장한다

행복하기 위해 사람들은 돈을 벌지만, 돈으로 행복을 살 수 없다. 우리를 행복하게 하는 것은 역시 성숙한 관계이다. 성숙한 관계는 삶의 질을 높이는 무형의 자산이다.

---

8   최고의 영업사원은 제품이나 서비스를 판매하는 데 능숙할 뿐만 아니라 고객과의 관계를 구축하는 데도 능숙하다. 이들은 판매는 단순히 제품에 관한 것이 아니라 고객의 필요(need)와 원함(want)에 관한 것임을 이해한다.(닐 랙크함)

성숙한 관계 누리기

우리는 80억 명과 더불어 살고 있다. 이 말은 80억 명이 우리의 동업(역)자라는 말이다. 심리학자 시드니 주러드에 따르면 "행복의 85% 이상은 인생의 각 단계, 각 시기의 대인관계의 질에 의해 결정된다. 사람들과 얼마나 잘 어울리느냐, 또 타인이 나를 얼마나 좋아하고 사랑하고 존경하느냐가 다른 어떤 요인보다 삶의 질에 많은 영향을 미친다."[9]

당신은 성공하지 못했는가? 그 이유는 무엇인가? 하나님이 안 도와주셨기 때문이라고 생각하는가? 80억 명을 동업자들임을 인정하지 않았기 때문이다. 성공과 행복과 건강은 그들과 더불어 살며 시너지

---

9   브라이언 트레이시, 11.

를 만들어 낼 수 있느냐에 달려 있다.

1. 다른 사람과 성숙한 관계를 누리기 위하여

성숙한 관계를 누리기 위해 첫째, '우리의 관계는 고정되어 있지 않다'는 사실을 알아야 한다. 우리는 종종 우리의 관계가 고정되어 있다고 생각하지만, 실제로는 끊임없이 변화하고 있다. 우리의 관계는 우리 자신의 성격, 상호작용하는 사람들, 우리가 사는 환경 등 다양한 요인에 의해 영향을 받는다.

둘째, '우리는 모두 연결되어 있다'는 사실을 알아야 한다. 인간은 사회적 동물이며 연결에 대한 본능이 있다. 이는 우리가 번성하기 위해서는 다른 사람들과 함께 있어야 한다는 것을 의미한다. 인간관계는 우리에게 소속감, 지원, 사랑을 제공한다.[10]

셋째, '관계의 양보다 질이 더 중요하다'는 사실을 명

---

10   홀로 가는 길은 영적 성숙으로 이어지지 않는다.(피터 로드)

심해야 한다. 관계에서는 '양보다 질'이 중요하다는 말이다. 피상적인 관계를 많이 맺는 것보다 친밀하고 의미 있는 관계를 몇 개 맺는 것이 우리의 웰빙에 더 유익하다.

넷째, '다른 사람과의 소통은 필수임'을 알아야 한다. 다른 사람과 소통하는 것은 건강한 관계를 구축하고 유지하는 데 필수다. 우리는 자신을 명확하고 정직하게 표현할 수 있어야 하며, 다른 사람의 말을 판단 없이 경청할 수 있어야 한다.

마지막으로 '관계에는 노력이 필요하다.' 관계가 유지되려면 에너지가 필요하다. 이 에너지는 상호 간의 협력에서 나오는 시너지여야 한다. 인간관계가 항상 쉬운 것은 아니지만 노력할 만한 가치가 있다. 우리는 건강한 관계를 구축하고 유지하기 위해 시간과 노력을 기꺼이 투자해야 한다.[11]

2. 가화만사성

가화만사성의 첫 단추는 행복한 결혼 관계이다. 워싱턴 대학의 명

---

11   Eric Barker, 《Plays Well with Others》.

예 교수인 코트만 박사에 의하면, "어떤 결혼이든 성 공이나 실패를 94%의 정확도로 예측할 수 있다." 그는 5:1의 비율, 즉 남편과 아내 사이에 상호작용이나 긍정 적인 감정이 부정적인 것의 다섯 배가 된다면 그 결혼 생활은 안정될 수 있음을 발견했다. 이 말은 행복한 결 혼 생활을 누리는 부부들에게는 부정적인 것의 다섯 배 의 상호작용이나 긍정적인 감정을 창출하는 능력이 있 다는 것이다.[12]

결혼은 매우 신비한 공동체적 삶이다. 단지 사회적 계약이라고만 이해하고 그 계약을 유지하는 것을 결혼 이라고 생각한다면, 결혼의 신비감을 감히 상상할 수 없다. 결혼의 신비감이란 결혼공동체를 위해 자기를 포 기하고, 그리고 서로의 시너지를 창출할 때 축복으로 다가오는 것이다. "전형적인 백만장자 부부는 30년 가 까이 함께 살고 있으며 그들의 결혼 관계는 경제적으로 생산적일 뿐 아니라 퇴색하지 않는 경향이 있다. 남편 이나 아내에게 가정의 생산성을 설명해주길 요청하면 각각 상대방의 공이 크다고 인정한다."(토머스 스탠리/세라 스탠리)

---

12 Dr. Gottman이 무려 35년의 연구를 통해 얻은 학문적 통계이다.

다음으로 자녀를 화목한 분위기에서 전인적으로 양육해야 한다. 신체가 건강하게 자라도록 돕고, 건강한 영성과 부모 공경을 몸에 배게 하고, 형제자매와 이웃을 존경하도록 이끌어 주고, 인문학적 소양을 길러 주며, 나이에 따라 수준에 맞는 금융교육을 해야 한다. 이 모든 것이 화목한 가정 분위기에서 이루어져야 한다.

백만장자의 70%가 사랑이 넘치는 화목한 분위기에서 성장했다.[13](토머스 스탠리/세라 스탠리)

3. 관계 자산(사람 자산)을 넓혀라

성취하는 모든 일은 다른 사람들과 상호작용한 결과다. 관계(networking)하고 있지 않다면 일(working)하고 있지 않은 것이다. 미국의 거부 코미디언 스티브 하비는 "네트워킹은 당신의 스펙으로는 불가능한 곳에 당신이 속하게 할 수 있다. 네트워킹에 최선을 다하라."라고 말한다. 열심히 일하면 돈을 벌기는 하겠지만, 지혜롭게 일하지 않으면 네트워킹을 할 수 없다. 네트워킹의 확장과 그 열매가 없는 일은 단순한 일개미(working ant)의 일이지 아보다로서의 일이 아니다.

---

13 위의 책, 107.

그렇다면 관계 자산을 넓히기 위해 무엇을 해야 하는가?

먼저 네트워킹의 중요성을 이해해야 한다. '추천의 시대와 연결의 시대'를 사는 우리에게 부를 구축하는 데 있어서 네트워킹(관계적 자산)을 늘리는 일이 왜 그토록 중요한가를 이해해야 한다. 비즈니스 성공에서 찾아볼 수 있는 한 가지 교훈이 있다면 그것은 많은 사람과 친해질 기회를 찾는 것이다.

두 번째는 서로 교류하고 정보를 전달할 기회를 자주 만들어야 한다. 그러므로 새 친구를 사귀고 기존의 친구를 살필 수 있는 기회를 놓치거나 무시해서는 안 된다. 손님을 초대하여 환대를 베풀어 친구의 폭을 넓히는 것도 좋은 방법이다. 타인의 삶에 의미 있는 일을 해야 한다. 이를 위해 다른 사람과의 관계에서 진정한 기쁨을 누리고 우정을 가꾸는 일은 필수적이다.[14]

세 번째는 기존의 관계 자산을 견고히 하는 것이다.

14 다니엘 라핀, 57-74.

이미 관계하고 있는 사람에게 지속적인 관심을 쏟아야 한다. 그들에게 필요한 도움을 주는 것도 관계 자산을 견고히 하는 데 도움이 된다. 또 단순히 아는 사람을 소개해 주는 것만으로도 사람들에게 큰 도움이 될 수 있다.

대개 협상에는 해당 전문가가 나서야 한다고 생각하지만, 연구 결과에 의하면 그렇지 않다. 합의에 결정적인 계기가 전문 지식인 경우는 10% 이하였고, 협상 절차는 37%, 신뢰와 호감과 같은 인간적인 요소가 50% 이상이었다.[15]

네 번째, 준거집단을 소중히 가꾸어라. 하버드대학의 데이비드 맥클랜드 교수는 "당신의 준거집단(reference group)이 인생에서 성공과 실패의 95%를 결정한다."라고 말했다. 준거집단은 당신이 습관적으로 만나고 자신이 그들 중 한 사람이 되길 원하는 사람들로, 당신의 가족, 당신의 종업원, 당신이 속한 정당이나 교회, 사교클럽의 구성원일 수 있다. 그러므로 "칠면조들과 땅바닥을 기어서는 독수리와 날 수 없다."라는 지그 지글러의 말은 매우 의미심장하다.[16]

마지막으로 관계 자산을 넓히는 데 필요한 실천 사항들이다.

---

15   스튜어트 다이아몬드, 43.
16   브라이언 트레이시.

1) '나 중심'에서 '우리(공동체) 중심'으로 살아야 한다

우리는 단절된 개인이 아니라 가족(공동체)이어야 한다.[17] 피터 로드가 말했듯이 "섬겨야 할 관계, 동역해야 할 관계, 섬김을 받는 관계(환대, 멘토링, 중보기도, 지혜) 등의 모든 관계에서 협력하여 일치감 형성에 집중해야 한다. 우리가 세상의 파괴적인 힘을 이기는 길은 협력뿐이다."

2) 두 사람 이상이 모이면 시너지를 창출하라

성숙한 관계는 시너지를 창출한다. 시너지는 상호존경과 협력의 열매이다.

3) 불특정 다수에게 깊은 관심을 가져야 한다

아이템 또는 일자리를 구할 때, 자신과 매우 가까운 사람 혹은 자신이 신뢰하는 사람을 통해서 그 목적을 이루기보다는 오랜만에 우연히 만난 동창, 혹은 생사조차도 모르고 있던 지인 등의 '약한 유대(weak tie)'를 통해 좋은 일자리와 아이템 정보를 얻게 되는 확률이 훨씬 높다. 마크 그래노벨터(Mark Granovetter)는 '미국인이 어떻게 일자리를 찾는가?'를 조사하면서 친구, 가족, 가까운

---

17 키이스 앤더슨, 《영적 멘토링》, 22.

직장동료 등 이른바 '강력한 유대관계(strong tie)'에 있는 사람들이 일자리 정보를 줄 거라 가정하고 연구를 시작했다. 그런데 강력한 유대관계에 있는 이들이 일자리를 잡는 데 주된 도움이 되지 않는다는 사실을 발견했다.

나와 친밀한 특정인, 특정 집단에 대한 사랑과 섬김만큼, 불특정 다수인 군중 또는 그 일부나 일인을 섬기고 사랑하는 것도 매우 중요하다. 오히려 후자가 주님께서 우리에게 명하신 아가페 사랑의 본질에 훨씬 더 가까운 것이 분명하다. 우리가 주변 사람이나 여행지에서 만난 이들과 최소한 '약한 유대(weak tie)'를 형성하는 삶을 산다면, 이것은 아마도 이 세상에서 가장 강력한 지원자를 소유하는 것이 될 것이다.[18]

4) 한 장의 사진이 아닌 동영상으로 사람을 평가하라

한순간의 실수나 성공, 장·단점으로 사람을 평가하지 마라. 오랜 일상이 남긴 그의 자취를 봐라. 그 사람에 대한 다양한 사람들의 평가를 들어라. 믿는 도끼에 발등 찍힌 사람들의 공통점은 다양한 사람들의 평가에 관심이 없다는 것이다.[19]

---

18 https://youtu.be/mU353OE31B0
19 힘없고 어려운 사람은 백번이라도 도와라. 그러나 평판이 좋지 않은 사람은 경계하라. 특별히 평상시 경비원, 청소부, 음식점 종업원을 홀대하는 이들을 경계하라. 이들은 나중에 그대가 어려워지면 배신할 사람이다.(워렌 버핏) 또 사업상, 또는 다양한 이유로 좋은 인상을 남기려는 이들의 친절에 넘어가지 마라. 친절은 모든 관계에서

5) 타인의 고통에 익숙해지지 마라[20]

가난, 이별, 소외, 폭력 등으로 신음하는 사람들의 고통에 익숙해지면 안 된다. 타인의 고통에 대한 무관심으로 이어지기 때문이다. 이 세상에 타인의 고통에 대해 무관심한 것 만한 불행은 없다. 무관심은 우리의 세심한 배려함에서부터 정의의 분노에 이르기까지를 총망라한 관계의 메커니즘을 파괴한다. 관계의 메커니즘을 파괴하는 행위는, 우리를 사회적 · 공동체적 · 관계적 존재로 창조하신 하나님께 대역하는 죄이다. 삶을 회복하려면 무관심이란 악에서 벗어나야 한다. 그 유일한 길은 "내가 너희를 사랑한 것같이 너희도 서로 사랑하라."(요 13:43)는 것이다. 불안이 믿음으로 사라지듯, 무관심은 사랑(agape)으로 물리쳐야 한다.

4. 평생 교육과 훈련에 적극적인 자세가 필요하다

행복하고 생산적인 삶을 위해 우리는 평생을 배우고

최고의 덕목이지만 꾸며진 처신은 결국 관계를 망친다.
20   위의 책. 634.

또 전문성 훈련을 받고(trainable), 이를 실천하며 살아야 한다. 이와 관련하여 다섯 부류가 있다.

1) 멘토

21세기 인류가 짓고 있는 치명적인 결핍 중 하나가 멘토의 상실이다. 문자적으로 우리 주변에 멘토가 없다는 것이 아니다. 이 세대가 멘토를 거부하기도 하거니와 지혜와 경험이 미천한 멘토들이 많다는 것이다.

누구나 자신의 길은 자신이 개척해야겠지만, 이미 가보고 경험해 본 누군가로부터 배우고 그들이 열어놓은 길을 따라가면 시간 낭비와 실수를 줄이고, 문제의 80% 이상을 경험하지 않을 수 있다.[21]

멘토에게는 전문성뿐만 아니라 경험과 지혜 그리고 현명한 친구들이 있어, 넓고 거친 바다를 항해하는 이들을 안내해 줄 나침판과 등불이 될 수 있다. 빌 게이츠의 멘토인 워렌 버핏은 "자신보다 나은 사람과 어울리라"고 말한다. 자신보다 더 나은 행동을 하는 사람과 함께 있으면 그 방향으로 따라가게 된다. 그러므로 "그대가 싫어하는 지혜자를, 그대를 좋아해 주는 어리석은 자보다 소중히 여길 줄 알아야 한다."(탈무드)

---

21 롭 무어, 233.

2) 파트너

먼저 시너지를 낼 수 있는 파트너를 만나라. 파트너란 '함께 가는 사람(동행)', '함께 일하는 사람(동업)'으로 협력하여 다차원적인 생산성, 즉 시너지를 높이는 관계다. 시너지를 창출하지 못하는 파트너는 파트너가 아니다.

다음으로 또래 집단에 속하라. 피어 그룹은 가까이 지내는 친구 그룹이다. 짐 론(Jim Rohn)은 "당신은 가장 많은 시간을 함께하는 다섯 명(자신 포함)의 평균이다."라고 했다. 이 말의 의미는 당신이 자주 만나는 다섯 사람과 가까이 지낼수록 더 그들을 닮아간다는 거다. 시간이 지나면 그들의 매너리즘과 말과 생각을 따라 한다. 그래서 그들과 평균이 된다. 건강한 또래 집단에 속하면 자연스럽게 그들과 닮아 간다는 장점이 있다.

워렌 버핏은 "최고의 투자는 친구"라고 했다. 건강한 또래 집단에 속해 서로에게 버팀목이 되고 믿음의 경주에서 벗어나지 않도록 서로에게 자문해주어라.

3) 멘티

멘티는 배울 의지와 훈련받을 능력(trainable)이 있어야 한다.

4) 궁핍한 자

이런 이들을 어설프게 도와 자립 의지를 막아서는 안 된다. 전문가 또는 전문기관에 일임하고 전문가 또는 전문기관을 후원(기부)하라.

5) 피해야 할 대상들

'사람은 안 변한다'는 전제로 피해야 할 사람을 정하는 두 가지 기준이 있다.

첫째, 배움과 훈련을 잘 받고 이를 실천하는가? 둘째, 주변을 바꾸면, 즉 다른 무리에 속하면 부정적인 태도가 사라지고 긍정적인 태도로 변하는가?

이 두 기준에 들지 않는 사람은 피해야 한다. 피해야 할 이들은 다음과 같다.

① 만나기 싫은 이들

루이빌 대학의 마이클 커닝햄 교수는 '사회적 알레르겐(social aller-gens)'[22]이라는 용어를 만들었다. 여기서 social은 인간관계를 말하고, allergens은 알레르기를 일으키는 항원을 말하니, 'social allergens'은 내게 알레르기를 일으키는 사람들을 말한다. 이런 특정인과 만나 스트레스를 받으면서도 억지로 참으며 그들을 포용하지 못하는 자신

---

22   나이토 요시히토, 《신경끄기 연습》, 69-71.

을 탓하지 말고 그 시간에 팔굽혀 펴기를 하는 것이 지혜다.

② 습관적으로 거짓말하는 이들

자기가 얼마나 위선적인가를 모르는 사람, 사람들을 정중하게 대하지 않는 사람, 특히 돈거래에 신뢰할 수 없는 사람, 남을 깍아 내리는 사람, 개인 또는 모임을 이용하여 자기 이익을 추구하는 사람과 주변 사람을 맥빠지게 하는 사람이다.

③ 부정적인 이들

"부정적인 이들의 근처에도 얼씬거리지 마라."는 유대 잠언이 있다. 부정적인 이들은 우리를 너무 지치게 하여 우리가 미래로 나아가는 데 가장 큰 장애가 된다. 우리가 가장 경계해야 할 것이 있다면 부정적인 사람들에 의해 둘러싸이는 것이다. 사업상 부정적인 사람을 상대해야 하는 경우라면 이들을 상대할 심리적 · 정신적 · 영적인 근육이 생기기 전까지는 이들에게서 거리를 두는 것이 지혜다.

④ 돈거래가 불량한 이들

일이 일하는 자의 영혼을 드러내듯, 돈거래는 그 사람의 삶의 규모를 그대로 드러낸다. 돈거래가 엉망이라는 것은 그 사람의 삶의 '규모가 엉망(undisciplined, disorderly)'이라는 것이다. 이런 사람은 굳이 만나지 않는 정도가 아니라 절대 만나지 마라.

5. 관계 중독을 피하라

자기가 좋아하는 사람이 자기를 좋아하도록 만들고, 자기 맘에 드는 사람을 통제하고 싶은 욕망이 관계 중독이다. 누군가를 좋아할 수는 있지만 그(그녀)를 지배하려고 했을 때 문제가 된다. 애착이 집착으로 변하기 때문이다. 엄마가 정상적으로 자식을 사랑하는 것은 애착이다. 그러나 남편이 엉뚱한 일을 저지르니까, 남편을 사랑하는 것을 포기하고 그 사랑을 자식에게 쏟는 것은 집착이다. 집착은 또 다른 유형의 통제이다. 집착 속에서 자란 아이는 사회생활에 적응하기 힘들다. 타인을 통제하는 삶은 영적인 삶이 아니다.

6. 신뢰 사기(confidence game)를 당하지 마라

대부분 사람들은 비즈니스를 할 때 다른 사람들과 관계를 맺고 싶어

하는 척한다. 그러나 그 속내는 상대방의 머릿속 지식이나 그의 화려한 인맥을 이용하려는 것이다. 이는 일종의 신뢰 사기다. 신뢰 사기는 '마치 친한 친구인 것처럼 굴어서 신뢰를 얻은 후, 상대로부터 가능한 많은 것을 취하려 하는 것'이다.(스튜어트 다이아몬드)[23]

한국은 경제력과 교육 수준에 비하면 개인 사이의 신뢰도는 엉망이다. 2019년 자료에 의하면 30% 수준이다. 타인을 일단 의심하고, 이 의심을 해소할 만한 분명한 것을 확인하지 못하는 한 의심의 빗장을 풀지 않는다. 이렇게 신뢰도가 심각한 원인을 다 댈 수는 없지만, 분명한 두 가지가 있다.

하나는 빨대 현상의 만연이다. 이익이 될만한 개인 또는 공동체에 접근하여 신뢰를 형성한 후 그 개인과 공동체의 자원(가시적, 비가시적)을 챙기는 짓이다. 이는 신뢰 사기이다.

다음은 가족과 지인의 사기다. 한국은 매년 국민의 1%에 해당하는 50만 명이 사기를 당하는데, 친구에게 60%, 가족에게 10%, 모르는 이에게 30%를 당한다.[24]

---

23 스튜어트 다이아몬드. 270.
24 한국형사정책 연구원

가까운 사람의 제안일수록 더 검증하고, 더 확인해야 한다. 이는 그들을 의심하는 차원에서가 아니라 관계 파괴를 방지하자는 차원에서다.

PART 6

존경받음(Being Revered)

존경하고 존경받고

사람들은 자신이 신뢰하고, 자기에게 감동을 주고, 자기에게 선한 영향력을 주는 사람을 존경한다.

영향력을 주고받는다는 것

한 유명 가수가 팬들에게 "건강 잘 챙기시라."라고 하자 우리 사회에 건강검진율이 폭증했단다. 이 가수의 영향력이 대단한 것을 알 수 있다.

인간은 사회적 동물이다. 사회적 동물이란 '서로에게 영향을 주고받는 관계적 존재'라는 말이다. 가장 기본적인 관계 단위인 가족 간에도 영향력을 주고받는다. 물론 부모가 자녀에게 끼치는 영향력도 있고, 자녀가 부모에게 주는 영향력도 있다.

이 중에 부모가 자녀에게 주는 모든 영향력, 즉 총체적 영향력이 양육이다. 양육은 자녀에게 선한 영향력을 끼치는 행위다. 자녀가 부모의 품을 떠나도, 또 부모가

이 세상을 떠난 후에도 부모의 양육은 자녀에게 영향을 준다.

이 총체적인 영향력을 위해 부모에게는 여섯 가지의 능력이 필요하다.

첫째는 실력(實力)이다. 가족의 생계를 위해 또 이웃에게 선한 영향력을 끼치기 위해 필요한 능력이다.

둘째는 매력(魅力)이다. 자녀가 부모의 말을 경청하고 집중하게 하는 능력이다.

셋째는 포용력(包容力)이다. 자녀의 경청과 집중을 자신에게 계속 머물게 하면서 전인격적인 양육을 하여 21세기를 주도하는 전인적 노마드인 '메타(meta) 노마드'로 키우는 능력이다.

넷째는 파송력(派送力)이다. 자녀를 '메타 노마드'로 키워 세상에 파송하는 능력이다.

다섯째는 나력(裸力)이다. 이는 멋지고 성숙하게 늙어가는 부모의 능력이다. 자녀는 부모가 늙어가는 모습을 따라 늙어간다. 부모가 어떻게 늙느냐에 따라 자녀의 노년이 결정된다. 그러므로 부모는 자녀를 키울 때뿐만 아니라 자녀를 떠나보낸 후에도 멋지고 성숙하게 늙어야 한다.

마지막으로 영력(靈力)이다. 자기의 능력으로 인기를 얻고, 사람을 품고, 떠나보낸 것은 영력이 아니다. 자기의 능력으로 멋지게 늙는 것 또한 영력이 아니다. 한마디로 자신의 노력으로 쌓아올린 모든 것은 영력이 아니다. 영력은 믿음 안에서 자신의 모든 것이 영(zero)이 되게 하는 능력이다.

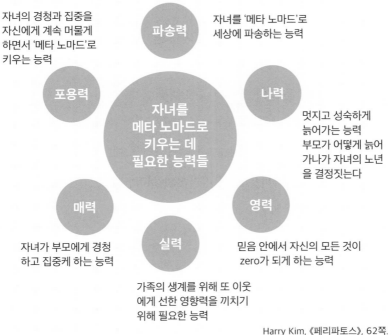

자녀의 경청과 집중을 자신에게 계속 머물게 하면서 '메타 노마드'로 키우는 능력

파송력

자녀를 '메타 노마드'로 세상에 파송하는 능력

포용력

자녀를 메타 노마드로 키우는 데 필요한 능력들

나력

멋지고 성숙하게 늙어가는 능력 부모가 어떻게 늙어 가나가 자녀의 노년 을 결정짓는다

매력

자녀가 부모에게 경청 하고 집중케 하는 능력

실력

영력

믿음 안에서 자신의 모든 것이 zero가 되게 하는 능력

가족의 생계를 위해 또 이웃 에게 선한 영향력을 끼치기 위해 필요한 능력

Harry Kim, 《페리파토스》, 62쪽.

누구라도 이웃에게 영향력을 주고받는 가정, 학교, 일터 등 다양한 공동체 속에서 살아간다. 그렇다면 우리가 영향력을 주고받는 데 필요한 최소한의 능력은 무엇일까?

첫째, 매력이다. 매력은 자신의 외적 강점으로 한순간 사람을 끌어당기는 능력이다.

둘째. 포용력이다. 포용력은 자신의 내적인 면(인품과 성숙)과 전문성의 시너지로 오랜 시간 사람을 품어 영향을 끼치는(affect) 능력이다.

셋째, 성숙력이다. 성숙력은 일평생을 믿음과 원칙으로 살아내며 미성숙한 이들이 하기 싫어하는 일을 먼저 해내어 세상에 소망의 빛을 발하는 지혜다.

오스왈드 샌더스(J. Oswald Sanders)는 리더십은 영향력이라고 했다. 이 시대가 그렇게도 바라는 모든 리더십의 시작은 리더의 매력, 포용력, 성숙력에서 시작한다.

누가 존경받는가?

무언가를 하는 것이 존경받을 목적이라면 존경받는 삶과는 거리가 멀다. 이것은 위선이다. 존경받음이 살아온 결과여야지 목적이어서는 안 된다. 다음과 같은 사람들이 존경받는다.

1) 선한 영향력을 주는 사람

매력과 포용력, 성숙력을 가진 이들은 우리에게 선한 영향력을 끼친다. "선한 영향력은 선한 행실(行實, anastrope)의 결과이다."[25] 우리의 선한 행실은 사람들에

---

25   디도서 2장.

게 감동과 영향력을 주어 선한 방향으로 가도록 할 수 있다.

2) 경청하는 사람

사람들을 존경하는 태도는 긴장과 갈등을 완화하고 신뢰를 구축하며 효율성을 향상시킨다. 존경은 다양한 방식으로 표현될 수 있지만, 다른 사람의 관점을 진정으로 이해하고자 노력하는 좋은 경청자가 되는 것에서 시작되는 경우가 많다.

3) 지혜로운 사람

동서고금을 통해 지혜자는 존경받고 지혜롭게 일하는 사람은 복을 받는다.

4) 겸손한 사람

겸손은 나의 부족함을 인정하는 것 이전에 상대를 존경하는 태도가 늘 우선인 사람들의 성품이다. 겸손한 사람들은 존경받는다.[26]

5) 선한 사람

선한 사람은 선한 삶(ἀναστροφὴν)[27]을 실천하기 위해 절제와 희생을 생활화하고 있다. 신약성경의 예수님의 비유에 등장하는 선한 사마리

---

26 선한 사람, 성숙한 사람, 지혜자들이 겸손하다.
27 벧전 2:12

아 사람처럼 선한 마음으로 돈을 선하게 사용하는(자기
것을 내어주는) 사람이 존경받는다.

6) 열린 마음을 소유한 사람

열린 마음을 갖는다는 것은 자신이 아직 배울 것이
많다는 것을 인정하고, 다른 사람들로부터 계속 배운다
는 것을 의미한다.

7) 상대에게 진정한 가치를 제공하는 사람

항상 다른 사람에게 가치를 제공하는 방법을 생각하
는 사람은 선한 영향력을 끼칠 수 있다. 가치는 형태가
다양하지만, 조직이나 공동체의 당면한 문제를 해결하
는 데 도움을 주는 무언가를 제공하는 것이다. 가치 있
는 무언가를 만들면 그 자체로 이미 선한 영향력을 끼친
것이다.

8) 사전 조사에 최선을 다하는 사람

유비무환이라 했다. 무슨 일이든 사전에 충분히 조사
하는 것이 몸에 밴 사람은 개인과 공동체에 크게 이바지
하는 존재이니 당연히 존경받는다.

9) 영감을 주는 사람

다른 사람들이 그들 자신의 꿈, 목표, 비전을 따르도록 끊임없이 격려하고, 그들에 대한 믿음을 보여줌으로써 영감을 줄 수 있다. 긍정적이고도 생산적인 영감을 주는 사람은 존경받는다.

10) '노'라고 말해야 할 때 '노'라고 말하는 사람

체면치레나 관습상 면전에서 '아니오'라 말하기 어려울 때가 많다. 그러나 감당할 수 없는 일에 동의하는 것보다 거절하는 것이 결과적으로 서로에게 유익하다. "'아니오'라고 말하는 법을 배우기 전까지는 '예'라고 말할 수 없다."[28]

11) 자기를 비하하지 않는 사람

다른 사람이 나를 존경해 주기를 원한다면, 당연히 나 자신을 존경해야 한다. 그리고 자신의 강점을 기억하고 실수로부터 배워야 한다. 자신감은 실패와 불완전함이 위대함으로 가는 길이라는 것을 아는 데서 비롯된다.

12) 자신의 아이디어를 믿는 사람

대부분 사람이 문제해결을 위한 독특한 아이디어를 가지고 있지

---

28   마크 H. 맥코맥

만, 너무 터무니없어 보이기 때문에 후속 조처를 하고 실행하는 것을 두려워한다. 그러나 자신의 아이디어를 믿는다면 자신 있게 실행에 옮길 수 있다. 이런 사람이 일터에 영향력을 끼칠 수 있다.

13) 자신과 타인이 누군가로부터 부당한 대우를 받을 때 단호히 항의하는 사람

누군가가 여러분을 학대하면 그냥 넘어가지 마라. 냉정하게 예의를 갖추되 침묵하지 마라. 다른 사람이 부당한 취급을 받으면 나서라. 그 누구도 다른 이들이 부당한 취급을 받는 것을 외면할 특권이 없다. 불의를 당하거나 부당한 처우를 당하는 이들을 위해 분연히 나서는 것은 올바른 태도다.

14) 자기 생각을 정확히 말하는 사람

다른 사람의 말에 귀를 기울이고 이해하려고 노력하라. 그리고 자기 생각을 정확히 말하라. 당신이 말하지 않으면 사람들은 당신을 모른다. 입을 열기 전에 잠시 생각에 잠기는 시간을 갖는 것은 존경을 받을 만하다.

15) 타인을 배려하는 사람

직장, 집, 교회 등 주변 환경과 주변 사람들에게 주의를 기울여라. 이는 자신에게만 집중하지 않고, 필요할 때 주의를 기울이고 도움을 줄 수 있는 정서적 능력이 있다는 것을 보여주는 기회가 되기도 한다.

16) 자기감정 조절에 능숙한 사람

좋은 일이든 나쁜 일이든 감정을 격하게 만드는 일에 대한 즉각적인 반응을 억제하라. 선한 영향력을 끼치는 사람은 자기감정 조절에 능숙하다.

17) 이타적인(섬기는) 사람

존경받는 사람은 이웃과 도움이 절대적으로 필요한 사람에게 도움을 주며, 기부에 적극적이고 섬김과 봉사를 생활화하고 있다. 존경받는 사람은 자기가 소유를 잘 챙겨서가 아니라 그것으로 사람들을 잘 섬기기 때문에 존경받는다. "존경받지 못하는 사람은 부자는 될 수 있으나 부를 이룰 순 없다. 부는 다른 사람을 섬긴 결과로 주변을 윤택하게 한다. 고대로부터 유대인들은 이 원리를 사업에 적용해 부를 축적했다. 이는 경쟁자보다 훨씬 나은 가치를 제공해 고객을 만족시켰다는 뜻이다."[29]

---

29   홍익희, 《유대인 이야기》, 445.

PART 7

셀프 리더십
(Self leadership)

셀프 리더십으로 인생의 CEO가 돼라

셰익스피어의 4대 비극을 다 합쳐도 모자라는 비극은, 리더가 '존경받지 못하는 비극'이다. 리더는 존경받아야 선한 리더십을 행사할 수 있다. 리더가 존경받기 위해서는 사람과 조직에 영향을 줄 힘이 있어야 하는 만큼이나 사람과 조직을 섬기는 종의 마음과 자세를 가져야 한다. "이 역설을 마스터해야 하는 것이 리더십이다."[1]

1   George Barna, 《Leaders on Leadership》, 21.

셀프 리더십은 포괄적인 자기 영향력이다

리더십의 본질은 섬김이다.[2] 섬김의 리더십은 "자기가 하기 싫은 일을 남에게 시키지 말고"(탈무드), "남들이 따를 만한 본을 보이고, 그들에게 유익한 결과를 만드는 데 헌신함으로써"[3] 모두를 평안(making shalom)하게 한다.

"리더십은 사람들을 움직여서 목적에 이르도록 하는 것이다."(Garry Wills) "리더십은 사람들을 설득하고, 생각을 불어넣고, 동기를 부여하여, 유용한 변화를 선도해 나가는 것"[4]이기에 리더십의 권위는 그 투명함에서 시

---

2 요13:12~15.
3 윌리엄 폴라드
4 리더십이란 일차적으로 사람들의 열망을 일깨워, 그들이 물 위라도 기꺼이 걷겠다고 말하게 만드는 일이다.(나라야나 무르티)

작한다. "투명한 사람은 자신의 성공과 장점뿐 아니라 실패와 단점, 두려움까지 모두 공개한다. 언사가 솔직해야 효과적으로 지도하고 영향력을 발휘할 수 있다."[5]

이러한 리더십은 결국 생산적이며 성숙한 개인(들)의 건강한 셀프 리더십이라는 토대 위에 가능하다.

생산적이며 성숙한 사람일수록 부를 구축할 가능성이 매우 높다. 이들은 공통으로 셀프 리더십을 소유하고 있다. 셀프 리더십이란 용어는 찰스 맨즈(Charles Manz)가 1983년 "자신을 이끄는 것과 관련된 포괄적인 자기 영향력"이라고 정의하며 처음으로 사용했다.

이어 피터 드러커(2010)는 "셀프 리더가 된다는 것은 자기 인생의 족장, 선장 또는 CEO 역할을 하는 것"이라고 말했으며, 브라이언 트레이시는 "목표를 설정하고 그 목표에 대해 전적으로 책임을 지는 것"이라고 말했다. 브라이언트 카잔은 "셀프 리더십은 자신이 누구인지, 무엇을 할 수 있는지, 어디로 가고 있는지, 그리고 그곳에 도달하는 과정에서 자신의 커뮤니케이션, 감정, 행동에 영향을 미칠 수 있는 능력을 개발하는 것"이라고 말했다.

더 많은 전문가에 의해 셀프 리더십이 발전되어 왔으며, 본질적으로 셀프 리더십은 건강한 자아상(self image)과 자기 동기부여(self

---

5   피터 로드, 《소울 케어》, 234.

motivation) 그리고 생산적인 자기 경영(self management)의
시너지다.[6]

영국 정교회 수석 랍비였으며, 철학자, 신학자, 작가
로 전 세계 모든 유대인의 멘토이자 스승인 요나단 색스
(Jonathan Sacks)는 2012년 6월 4일, 이러한 셀프 리더십
을 기반으로 〈유대인의 방식으로 수행되는 리더십의 일
곱 원칙들〉이란 제하의 글을 The Jerusalem Post에 기
고했다.

[원칙 1] 리더십은 책임을 지는 것에서 시작된다

창세기의 시작과 출애굽기의 시작을 비교해 보라. 창세
기의 첫 장은 책임감의 실패에 관한 이야기이다. 죄로 인
해 하나님과 마주한 아담은 하와를 탓하고, 하와는 뱀을
탓한다. 가인은 "내가 내 형제의 지킴이인가?"라고 말한
다. "의롭고 대대로 완전한" 노아조차도 동시대 사람들에
게는 아무런 영향을 미치지 못한다. 이와 대조적으로 출애
굽기의 시작에서 모세는 책임진다. 모세는 이집트인이 이
스라엘인을 구타하는 것을 보고 개입한다. 두 명의 이스라

---

6   공동체성이 강하지만 개인주의가 더 강한 유대인은 유독 셀프 리더십
    이 강하다. 그들의 선민사상이 건강한 자아상에, 그들의 소명 의식이
    동기부여에, 그리고 그들의 수천 년간의 디아스포라적 삶에서 체득한
    지혜가 생산적인 자기 경영에 큰 영향을 미쳤을 것이다.

엘인이 싸우는 것을 보고도 개입한다. 미디안에서는 목자들이 이드로의 딸들을 학대하는 것을 보고 개입한다.

이집트인으로 자란 이스라엘인 모세는 이러한 대립을 피할 수 있었음에도 불구하고 그렇게 하지 않았다. 그는 "내가 잘못을 보았을 때 다른 사람이 행동할 준비가 되어 있지 않다면 내가 하겠다."고 말하는 최고의 사례이다. 유대교의 핵심에는 리더십에 대한 세 가지 신념이 있다: 우리는 자유롭다. 우리는 책임이 있다. 그리고 우리는 함께 세상을 바꿀 수 있다.

[원칙 2] 누구도 혼자서 이끌 수 없다

창세기 1장에는 '토브'(좋다)라는 단어가 일곱 번이나 나온다. 토라 전체에서 '로 토브'(좋지 않다)라는 구절은 단 두 번만 나온다. 첫 번째는 하나님께서 "사람이 혼자 있는 것은 좋지 않다."고 말씀하실 때이다. 두 번째는 이드로가 사위인 모세가 혼자 이끄는 것을 보고 "네가 하는 일이 좋지 않다."고 말할 때이다. 우리는 혼자 살 수 없다. 혼자서는 이끌 수 없다. 리더십은 팀워크이다.

성서 시대에는 왕, 제사장, 선지자의 세 가지 리더십 역할이 있었다. 왕은 정치적 지도자였다. 제사장은 종교 지도자였다. 예언자는 이상과 사상을 가진 선각자였다. 유대교에서 리더십은 다양한 역할과 관점이 복합적으로 작용하는 속성이다. 한 사람이 유대 민족을 이끌 수는 없다.

[원칙 3] 리더십은 미래에 관한 것이다

모세는 리더십을 발휘하기 전에 불타는 떨기나무에서 비전을 경험한다. 그곳에서 모세는 백성들을 노예에서 자유로 인도하는 임무를 부여받는다. 모세에게는 젖과 꿀이 흐르는 땅이라는 목적지가 있다. 이집트인들이 이스라엘 백성을 보내도록 설득하고, 이스라엘 백성이 위험을 무릅쓰고 가도록 설득하는 두 가지 과제가 주어진다. 후자는 전자보다 더 어려운 것으로 밝혀졌다.

그 과정에서 모세는 표적과 기적을 행한다. 그러나 그의 가장 위대한 리더십은 그의 생애 마지막 달에 일어난다. 모세는 요단 강변에 백성들을 모아놓고 신명기를 구성하는 연설을 한다. 거기서 그는 가장 높은 예언의 경지에 올라서고, 그의 눈은 미래의 가장 먼 지평선을 향한다. 그는 백성에게 약속의 땅에서 직면하게 될 도전에 대해 이야기한다. 그는 그들에게 율법을 주었다. 좋은 사회에 대한 비전을 제시한다.[7]

[원칙 4] 리더는 배운다

---

7 그는 토라를 낭독해야 하는 격년제 국가회의와 같은 원칙을 제정하여 주기적으로 이스라엘을 사명으로 상기시킨다. 리더가 되려면 먼저 미래에 대한 비전이 있어야 하고 이를 다른 사람들에게 전달할 수 있어야 한다.

리더는 다른 사람들보다 더 많이 읽는다. 토라에 따르면 왕은 반드시 자신의 세퍼 토라를 써서 "항상 가지고 다니며 평생 동안 읽어야 한다"(신 17: 19)고 되어 있다. 모세의 후계자 여호수아에게 명령이 내려진다: "이 율법책을 항상 네 입술에 두며 주야로 그것을 묵상하라"(수 1: 8) 끊임없는 공부 없이는 리더십의 방향과 깊이가 부족하며, 이는 세속적인 리더십에서도 마찬가지다.

작가 윌리엄 글래드스톤은 3만 권이 넘는 책을 소장하고 있었다. 그는 그 중 2만 권 이상을 읽었다. 윈스턴 처칠은 50여 권의 책을 저술하여 노벨 문학상을 수상했다. 텔아비브에 있는 데이비드 벤 구리온의 집은 2만 여 권의 책이 있는 도서관과 다름없다. 공부는 정치가와 정치인, 변혁적 리더와 관리자의 차이를 만들어 낸다.

[원칙 5] 리더십은 자신이 이끄는 사람들을 믿는다는 뜻이다

하나님은 모세에게 말씀하셨다. "그들은 믿는 자의 자식들이지만 결국에는 믿지 않을 것이다." 또한 하나님께서 모세의 손에 문둥병이 들었을 때 주신 표적(출 4:6)은 "이스라엘 백성에게 의심을 품게 한 것에 대한 벌"이라고 말했다. 리더는 자신이 이끄는 사람들에 대한 믿음을 가져야 한다.

여기에는 심오한 원칙이 있다. 유대교는 권력의 리더십보다 영향력의 리더십을 선호한다. 왕은 권력을 가졌다. 예언자는 영향력은 있었지만 권력은 전혀 없었다. 권력은 지도자를 백성 위에 올려놓는다. 영향력은 사람들을 이전의 자신보다 더 높이 끌어올린다. 영향력은 사람을 존경하지만 권력은 사람을 통제한다. 따라서 주요 종교 중 인간의 존엄성을 가장 높게 보는 유대교는 권력에 대해서는 회의적이고 영향력에 대해서는 매우 진지하다. 따라서 리더십에 대한 유대교의 가장 위대한 통찰력 중 하나가 바로 여기에 있다. 가장 높은 형태의 리더십은 가르치는 것이다. 권력은 추종자를 낳는다. 가르침은 리더를 만든다.

[원칙 6] 리더십에는 타이밍과 속도감이 필요하다

모세는 하나님께 후계자를 선택해 달라고 요청하면서 이렇게 말한다. "모든 생물에게 숨을 주시는 하나님 여호와께서 이 공동체를 다스리는 사람을 세워서 그들보다 먼저 나가고 그들보다 먼저 들어와서 그들을 이끌고 들어오게 하소서"(민 27: 16-17) 왜 이렇게 반복해서 말할까? 모세는 리더십에 대해 두 가지를 말하고 있다. 지도자는 "그들보다 먼저 나가서" 앞장서서 이끌어야 한다. 그러나 리더는 너무 앞서 나가서 뒤돌아보면 뒤따라오는 사람이 아무도 없을 정도로 앞서 나가서는 안 된다. 리더는 "사람들을 이끌어야" 한다. 즉, 사람들을 데리고 나가야 한다. 사람들이 견딜 수 있는 속도로 가야 한다.

모세의 가장 깊은 좌절감 중 하나는, 성경 이야기 전체에서 느낄 수 있는 것처럼, 사람들이 변화하는 데 걸리는 엄청난 시간이다. 결국 요단강을 건너 약속의 땅으로 백성들을 이끌 새로운 세대와 새로운 지도자가 필요했다. 그래서 랍비들은 이렇게 말했다. "임무를 완수하는 것은 너희의 몫이 아니지만 그렇다고 임무를 포기할 수도 없다." 리더십에는 조급함과 인내 사이의 미묘한 균형이 필요하다. 너무 빨리 진행하면 사람들은 저항하고 반항한다. 너무 느리게 가면 안주하게 되고, 변화에 한 세대 이상의 시간이 걸리는 경우가 많다.

[원칙 7] 리더십은 스트레스가 많고 감정적으로 힘든 일이다

역사상 가장 위대한 지도자였던 모세의 말을 들어보라. "내가 이 모든 사람을 잉태했나? 내가 그들을 낳았습니까? 왜 저에게 유모가 아기를 업듯이 그들을 품에 안고 조상들에게 맹세한 땅으로 가라 하십니까? … 저 혼자서는 이 사람들을 모두 업을 수 없습니다. 짐이 너무 무겁습니다. 이렇게 저를 대하실 거라면, 제가 주님의 눈에 은혜를 입었다면 저를 죽여주시고, 저로 하여금 파멸에 직면하게 하지 마십시오."(민11:11-15). 엘리야, 예레미야, 요나의 말에서도 비슷한 정서를 발견할 수 있다. 이들은 모두 어느 단계에서 계속 살기보다는 죽기를 기도했다. 변혁적 리더는 사람들이 변화해야 할 필요성을 인식한다. 그러나 사람들은 변화에 저항하고 리더가 대신 해주기를 기대한다. 리더가 도전을 포기하면 사람들은 리더에게 등을 돌리고 자신의 문제를 리더 탓으로 돌린다. 그래서 모세는 사막의 고난에 대한 책임을 져야 한다. 엘리야는 평화를 어지럽힌 책임을 져야 한다. 가장 혁신적인 리더들이 때때로 소진과 절망을 느끼는 것은 당연하다.

그렇다면 성경의 대표적인 인물들은 왜 리더가 되었을까? 스스로를 믿기 때문이 아니다. 위대한 지도자들은 자신의 지도력을 의심했다. 모세는 "나는 누구인가?"라고 물었다. "그들은 나를 믿지 않을 것이다." "나는 말을 잘하는 사람이 아니다." 이사야는 "나는 입술이 부정한 사람입니다."라고 말했다. 예레미야는 "나는 어린아이이기 때문에 말할 수 없다."고 말했다. 리더십의 도전에 직면한 요나는 도망쳤다. 리더는 해야 할 일이 있고, 도움이 필요한 사람들이 있고, 싸워야 할 불의가 있고, 바로잡아야 할 잘못이 있고, 해결해야 할 문제와 앞으로의 도전이 있기 때문에 리더가 된다.

리더는 어둠을 저주하는 대신 촛불을 켜라는 부름으로 받아들여야 한다. 리더는 가만히 서서 다른 사람이 일해주기를 기대하는 것은 너무 쉬운 선택이라는 것을 알기 때문에 리더가 된다. 책임감 있는 삶은 최고의 삶이며, 모든 고통과 좌절을 감수할 가치가 있다. 모세가 받은 최고의 영예는 "에베드 하셈", 즉 "하나님의 종"이라는 칭호였으며, 이보다 더 큰 영예는 없다.

셀프 리더십을 소유한 리더(셀프 리더)가 중요한 10가지 이유[8]

1) 소통을 개선한다

리더의 가장 중요한 의무 중 하나는 조직과 공동체 내 소통을 원활하게 하는 것이다. 명확하고 간결한 의사소통은 모든 팀이 올바르게 기능하기 위해 필수다.

셀프 리더는 항상 소통의 창구를 열어두고 모두가 편안하게 아이디어를 공유할 수 있는 개방적이고 포용적인 환경을 조성하는 것을 중요시한다. 구성원이 우려 사항과 의견을 말할 수 있는 장을 마련함으로써 새로운 아이디어를 환영하고 오해를 피할 수 있는 업무 문화를 장려한다.

---

8   https://www.sienaheights.edu/10-reasons-leadership-is-important

2) 더 나은 업무 환경을 조성한다

리더는 전반적인 업무 환경에 큰 영향을 미친다. 셀프 리더는 신뢰와 존경의 분위기를 조성하여 창의성과 협업을 촉진한다. 구성원의 사기가 높아지고 동기부여도 높아진다.

3) 생산성을 향상시킨다

셀프 리더는 팀의 생산성에 큰 차이를 만든다. 직원들이 가치를 인정받고 동기를 부여받는다고 느끼면 생산성을 높일 가능성이 커진다.

반면에 리더의 리더십이 엉망이면 구성원들은 업무에 대한 몰입도가 떨어지고 흥미를 잃는다.

4) 효율성을 더 높인다

셀프 리더는 팀을 최대한 활용함으로써 효율성을 개선하도록 돕니다. 리더는 모든 사람이 같은 목표를 향해 일하고 자신이 가장 잘 할 수 있는 일을 하도록 하여 효율성을 향상시킨다.[9]

9　리더는 지침과 방향을 제시하고 업무를 위임하여 모든 사람의 강점을 최대한 활용할 수 있다.

5) 실수를 줄인다

셀프 리더는 실수를 최소화하고 원활하게 운영하고자 하는 모든 직장에 필수적이다. 실수가 심각한 결과를 초래하는 환경에서는 특히 중요하다.[10]

6) 구성원에게 동기를 부여한다

셀프 리더는 구성원에게 효과적으로 동기를 부여하는 방법을 알고 있다. 리더는 한 사람에게 효과가 있는 것이 다른 사람에게는 효과가 없을 수도 있다는 것을 알고 있다.

따라서 이들은 시간을 들여 구성원들을 알아가고 무엇이 그들을 자극하는지 파악한다. 또한 구성원들이 가치 있고 인정받는다고 느낄 수 있는 긍정적인 업무 환경을 조성한다. 구성원들이 자신이 팀의 일원이고 자신의 기여가 중요하다고 느끼면 참여도와 동기부여가 높아진다.

7) 다른 사람에게 좋은 본보기가 된다

셀프 리더는 좋은 모범을 보이는 것이 다른 사람들에게 영감을 주는 가장 좋은 방법 중 하나라는 것을 알고 있다. 사람들은 자신이 롤모델로 여기는 사람을 본받은 성향이 있다. 때문에 리더가 솔선수범

---

10 리더는 잠재적인 문제를 조기에 파악하고 이를 해결하여 많은 비용이 드는 실수를 방지할 수 있어야 한다.

하는 것이 매우 중요하다. 리더는 팀이나 조직의 가치와 목표를 보여주는 방식으로 행동함으로써 다른 사람들에게 헌신적이고 성공적인 구성원이 되는 것이 무엇을 의미하는지 보여줄 수 있다.

8) 노력에 영감을 불어넣는다

셀프 리더는 팀원들에게 목적의식을 심어줄 수 있다. 팀원들이 자신보다 더 큰 목표를 향해 일하고 있다고 느낄 때, 그 목표를 달성하기 위해 기꺼이 노력할 가능성이 높아진다. 셀프 리더는 이러한 목적의식을 활용하여 생산적인 노력으로 전환하는 방법을 알고 있다.

9) 미래에 대한 강력한 비전과 방향을 제시한다

셀프 리더는 확고한 비전을 갖는 것의 중요성과 조직을 밝은 미래로 인도할 비전을 만드는 방법을 잘 알고 있다. 강력한 비전이란 조직이 어디로 가고 있고, 무엇을 달성하고자 하는지에 대한 명확한 아이디어를 갖는 것을 의미한다.[11] 강력한 비전을 가진 셀프 리더는 방향성과 목적의식을 조성하여 조직 전체에 집중과 활력을

---

11   또한 다른 사람들이 따를 수 있도록 영감을 주고 동기를 부여하는 방식으로 이러한 비전을 명확하게 표현하는 것을 의미한다.

불어넣을 수 있다.

10) 구성원들의 목표 달성에 도움을 준다

조직의 비전이 잘 표현되고 이해되었다면, 구성원들이 목표 달성에 집중할 수 있도록 하는 올바른 리더십이 필수이다. 즉, 진전이 이루어지고 변화가 발생하면 회사의 비전과 목표를 명확하게 전달하고 필요한 지원과 리소스를 제공해야 한다. 프로젝트 전반에 걸쳐 커뮤니케이션 라인을 유지하고, 긍정적인 태도를 보이며, 직원들이 업무 달성에 필요한 지원을 받을 수 있도록 보장하는 것은 모두 직원들이 조직의 중요한 비전을 향해 나아가는 데 도움이 된다.

셀프 리더는 …

1) 셀프 리더는 지혜와 자부심을 유지하기 위해 시간과 돈을 투자한다.

2) 셀프 리더는 어려운 시기에도 스스로 결정을 내리고, 계획을 실행하며 이끌어갈 수 있다고 확신한다.

3) 셀프 리더는 원칙에 어긋나지도, 세상과 절충하지도 또 논쟁하지 않으면서도 적극적으로 소통할 수 있다.

4) 셀프 리더는 어떤 상황에서도 침착하고 냉정하며 집중력을 유지한다.

5) 셀프 리더에게는 항상 중요한 핵심 동료(core member)와 다수의 지지자가 있다.

6) 셀프 리더는 자신의 편견과 선입견을 인정하고 그 너머를 바라봄으로써 상황을 명확하고 정확하게 파악한다.

7) 셀프 리더는 자신이 하기 싫은 일은 남에게 시키지 않는다.

8) 셀프 리더는 주변 세상에 주의를 기울이고 새로운 아이디어와 개념을 탐구한다.

9) 셀프 리더는 조직과 공동체의 하나됨을 위해 헌신한다.

10) 셀프 리더는 자신의 어려움과 한계를 기꺼이 인정한다.

11) 셀프 리더는 개인적 결정은 분별력(하나님의 말씀, 멘토 또는 멘토 그룹의 지혜, 기도 등)의 도움을 받고, 조직의 결정은 민주적인 절차를 밟아 정한다.

12) 셀프 리더는 자신에게 리더십을 부여한 조직과 공동체의 비전과 목표를 성취하는 데 있어 공동체의 권위를 인정하고 법을 준수하

며, 조직과 공동체의 '리더에 대한 평가'를 수용한다.

13) 셀프 리더는 자신의 약함을 인식하고 자신의 어려움과 한계에 대해 연민이 있다.

14) 셀프 리더는 섬김으로 리더십을 행사하며, 변화의 대리인이자 촉진자로서 대립과 충돌을 두려워하지 않는다.

15) 셀프 리더는 목표를 향한 과정에서 위험을 감수해야 할 때, 불굴의 투지로 그리고 올바른 방향으로 첫발을 내디딜 수 있다.

16) 셀프 리더는 사람들을 설득하고, 생각을 불어넣고, 동기를 부여하여 유용한 변화를 선도한다.

17) 셀프 리더는 문제에 접근할 때 참신한 아이디어와 해결책을 모색한다.

18) 셀프 리더는 자신의 리더십에 대한 견제와 반발을 건설적으로 받아들이고, 견제하고 반발하는 이들과

지혜롭게(충돌, 대화, 타협, 설득 등으로) 시너지를 창출한다.

19) 셀프 리더는 자신이 조직 또는 공동체의 구성원 중 한 명이라고 생각한다.

20) 셀프 리더는 자신을 대행할 또는 리더십을 이어갈 적임자를 양육한다.

PART 8

평안(Shalom)

평안을 누리고 확산시키자

산업혁명 이후 2023년 현재까지 인류는 '자산 증식'을 향해 달려왔으니, 이제부
터는 '평안을 누리는 삶'으로 방향을 바꿔야 할 것이다.[1] 자산 증식에 몰두하는
생산활동은 우리를 평안으로부터 너무 멀어지게 했다.

우리의 본향은 평안이 유지되는 처소(place)인 에덴동산이다. 우리는 이곳으로
부터 너무 멀리 와 있다는 것을 인정하고, 각자의 길을 찾아 평안의 거처로 향해
야 한다. 그러나 불행히도 절대다수가 잘못된 길을 택하고 있다. "이 잘못된 길
은 중독의 길이고, 이 길을 가는 자들은 중독자다." 스코트 펙(M. Scott Peck)은
말한다. "내 생각에 알코올이나 마약류에 중독된 사람들은 실은 에덴으로 돌아
가기를 원하고 열망하는 이들이다. 에덴동산에서 누렸으나 지금은 잃어버린, 자
연의 나머지 부분들과 하나되던 따뜻하고 포근한 느낌을 다시 얻고자 필사적으
로 몸부림치고 있는 것이다."

당신은 평안의 길을 향하고 있는가, 중독의 길을 가고 있는가?

> 평안은 평화, 조화, 온전함, 완전함, 번영, 복지, 평온함을 의미하는 히브리어로,
> 관용적으로 안녕(安寧)과 작별의 의미로 사용된다. 영어에서와 마찬가지로 두 개
> 체(특히 사람과 신 또는 두 국가 간)의 평화 또는 개인 또는 개인 집단의 안녕,
> 복지 또는 안전을 나타낸다.[2]
> 성경에서 평안은 보편적인 번영, 온전함, 기쁨을 의미하며, 자연적 욕구가 충족
> 되고 자연적 은사가 유익하게 사용되는 풍요로운 상태, 창조주이자 구세주가 문
> 을 열고 그가 기뻐하는 피조물을 맞이하는 기쁨의 경이로움을 불러일으키는 상
> 태다. 다시 말해, 평안은 모든 것이 마땅히 그래야 하는 방식이다.[3]

---

1   리처드 레이야드(런던 정경대 교수).
2   Wikipedia.
3   《A Greek-English Lexicon of the New Testament and other Early Christian
    Literature》, University of Chicago Press, 2000).

평안은 총체적 자본으로
풍요로운 상태다

평안은 평화(peace)와 안녕(well being)의 뜻이다. 여기서 평화란 감정적 평화와 마음의 평화 그리고 관계적 평화와 영적 평화를 다 포함하며, 안녕은 부(wealth)를 누리는 상태를 뜻한다. 평안은 물질적, 감정적, 관계적, 영적인 평화를 누리는 형통함을 말한다.[4] 이 형통함을 누리기 위해 물질적 자본, 마음의 자본, 관계적 자본, 영적 자본이 필요한 데 이를 총체적 자본(wholistic capital)이라 한다.

---

4 평안이 가장 완벽하게 이루어졌던 곳은 아담과 하와가 범죄하기 이전의 에덴동산이다. 하나님이 창조하신 것들이 하나님 계획대로 이루어지는 상태, 즉 모든 것이 마땅히 그래야 하는 방식이 실행되는 상태가 샬롬이다.

1) 우리에게 의식주를 위한 물질적 자본이 필요하다

우리에게 물질적 자본이 필요하다. 그러나 물질적 웰빙에·집착하는 자들에게 물질적 자본은 당연히 우상이 되니, 물질적인 것에 집착하는 것을 피해야 한다.(골3:5)

2) 몸을 위해 양식이 필요하듯 마음을 위한 자본도 필요하다

오염된 음식이 우리 몸을 망치듯, 썩고 오염된 정보가 우리의 마음을 망친다. 우리의 마음에게 좋은, 정신적 건강식을 먹이는 습관을 길러야 한다. 관련하여 "'피하고, 거부하여' 마음을 청정하고 명확하고 긍정적이고 자유롭게 유지하라"[5]는 브라이언 트레이시의 조언을 경청하자.

TV에서 테러와 쓰레기를 보는 것을 피하라. 신문에서 살인, 강도 강간, 그리고 비극을 읽는 것을 거부하라. 라디오를 통해 현대 세계의 문제에 대해 떠들어대는, 별 볼 일 없는 이런저런 수다 듣기를 거부하라. 당신의 나라나 지역사회의 정치적이고 사회적인 문제들에 대해 다른 사람들과 끝도 없이 해야 하는 대화를 거부하라. 마음을 청정하고 명확하고 긍정적이고 자유롭게 유지하라.[6]

---

5   브라이언 트레이시, 83.
6   당신이 긍정적이고 낙관적이고 행복하기를 원하면, 긍정적인 책이나 논문, 긍정적인 오디오 학습 프로그램, 전문가의 긍정적인 조언, 그리고 의미 있는 곳을 향해 가는 목적 지향적인 사람들과의 대화로 마음속을 채우라.(위의 책, 84.)

3) 삶에는 관계 자본이 필요하다

관계 자본이 많을수록 삶의 어려움을 더 잘 이겨낼 수 있다. 관계 자본이 많은 사람은 부를 구축할 가능성이 대단히 크며 건강과 성공과 행복을 보장받는다. 기쁨, 섬김, 시너지를 위해서 우리는 관계 자본을 넉넉하게 비축해야 한다.

> 폭넓은 인간관계를 만들고 유지한 결과로 얻게 되는 이점은 건강만이 아니다. 관계는 거래로 이어질 수 있고 거래는 부로 이어질 수 있다. 앉아서 돈만 바란다면 아무것도 이루어지지 않는다. 몽상만 하거나 자기 확신의 주문만 왼다고 해서 이루어지는 것은 없다. 사람들과 적극적으로, 심지어 즐겁게 교류해야 부가 창출되는 환경이 조성될 수 있다. 일반적으로 사람들은 이미 관계를 맺고 있는 사람들과 비즈니스나 거래를 하고 싶어한다. 거래를 염두에 두고 관계를 형성하려고 하면, 때가 너무 늦는다. 거래가 발생하려면 관계가 이미 존재해야 한다.(다니엘 나찬)

그러나 대부분은 관계 자본에 무관심하거나 무지하여, 관계에서의 기쁨, 섬김, 시너지를 이어나갈 힘이 없기에, 우리의 관계는 진실 없는 처세이며, 의미 없는 형식일 뿐이다. 이런 지경에 이른 사람들이 늘 관계로 힘들어하는 것은 당연하다.

관계는 기쁨과 슬픔 또 애착과 집착을 동시에 포함하기에 양가적(兩價的)이다. 애착은 섬김의 결과이지만, 집착은 통제와 조정의 결과이다. 그리고 관계는 사회적이다. 건강한 관계는 시너지를 내지만 건강치 못한 관계는 서로에게 부담이 된다.

4) 영적 자본이 필요하다

믿음이 최고의 자본이다. 믿음이라는 추상성을 현실에서 실체화한 엑기스가 신뢰다. 믿음은 하나님과의 신뢰이고 이웃과의 신뢰다. 믿음은 "하나님을 사랑하고 이웃을 내 몸처럼 사랑하는 것"이다.

영적 자본이 많은 사회는 '더불어 성장하며' '더불어 산다.' 선진국일수록, 기독교 국가일수록 신뢰 자본이 많다. 예수의 '이웃을 자신의 몸처럼 사랑하기 위해 생명을 아끼지 않으셨던 마음'이 선한 양심이다. 모든 비즈니스(가사, 공부, 일, 사업, 기업 운영)는 선한 양심의 실천이어야 한다. 선한 양심을 가진 성도의 삶은 모든 사람과 더불어 성장하고 더불어 사는 것이며, 이것이 곧 사랑과 공익의 실천이다.

영적 자본이 많이 축적된 국가일수록 거래 비용이 적다. 이는 경제의 개발, 성공, 그리고 문화에 큰 영향을 끼친다. 반면 영적 자본이 없는 국가는 바가지, 폭리, 상품의 품질에 대한 불신 등 거래 비용이 대단히 많이 들어 경제 개발을 막는다. 영적 자본은 신뢰와 비례한다.

더 싼 물건이 있는데도 구매자가 굳이 비싼 물건을 사는 이유가 무엇일까? 거기에는 몇 가지 요인이 있다. 특정 상인과 형성된 대인관계 때문일 수도 있고, 단가가 비싸도 양심적인 상인과 거래하는 것을 선호하기 때문일 수도 있다. 친절, 봉사, 배려, 한결같은 품질관리로 인해 고객은 특정 상인이나 거래처를 선호하게 되고 결과적으로 비즈니스에 들어가는 경비가 줄어들게 된다. 우호적인 관계, 신용, 정직, 사랑, 봉사, 우수한 품질, 성실 등은 성경에서 말하는 가치관으로, 가치를 창출한다. 이러한 가치관이 진심에서 우러나올 때 그것이 바로 '영적 자본'이 된다.(켄 엘드레드)

전인적으로 건강해야 한다

평안은 온전(wholeness)하고, 완전(completeness)하고, 전인적인 건강을 의미한다. 그렇다고 단지 신체적, 감정적, 영적 건강만을 뜻하는 것은 아니다. 평안에는 관계의 건강이라는 의미도 있으며, 그중에서도 특히 하나님과의 관계를 강조한다. 실제로 성경은 참된 평안이 하나님에게서만 나온다고 가르친다.(시29:11)[7]

1. 건강

---

7   월트 레리모어/트래이시 멀리스, 《하나님이 창조하신 건강한 사람》, 36-38.).

WHO에서는 건강을 "신체적, 정신적, 사회적으로 쾌적한 상태"라고 정의했고, CWMS(세계기독의사회)에서는 "신체적, 정신적, 사회적, 영적으로 정상인 상태"라 정의했다. CMC(기독교의료위원회)에서는 보다 구체적으로 건강을 정의한다.

건강은 개인과 사회 안녕의 역동적 상태이다. 이것은 곧 육체적, 정신적, 영적, 경제적, 정치적, 사회적 안녕을 의미한다. 또한 이것은 서로서로뿐 아니라, 물적(物的) 환경과 하나님과의 조화를 이룬다. 안녕이라는 것은 존재의 근원과 역동적인 접촉에 있음을 지칭하는 것이고, 기독교인으로서 그것이 우리에게 삶을 부여한 '예수는 그리스도'라는 사실을 믿는 것이다.

2. 전인적 건강 (Holistic health)

신체적 건강, 마음(지-정-의) 건강, 사회적(관계적) 건강, 영적 건강이 잘 구축된 상태가 전인적 건강이다. 부가 구축되듯 전인적 건강도 구축된다. 집을 지을 때 기초공사를 하고, 뼈대를 세우고, 외장을 두르고, 실내장식을 하고, 마감 공사를 끝내야 집 건축이 마무리되듯, 전인적 건강도 몸의 건강, 마음의 건강, 관계의 건강, 영의 건강이 조화를 이룰 때 구축된다. 이렇게 구축된 건강으로 우리는 평안을 누릴 수 있다.

1) 몸 건강

몸의 건강을 위해 건강식으로 소식하고, 3백(백설탕, 소금, 밀가루)을 금하고, 근력 운동, 맑은 공기와 함께하는 유산소 운동, 꾸준한 걷기 등이 조합을 이룬 '심플라이프(simple life)'를 즐기자.

2) 마음(지-정-의) 건강

'지-정-의'의 건강을 위해서는 먼저 정독하는 독서를 생활화하고, 불만과 상처의 원인을 제거하며,[8] 가능한 스트레스가 없는 통제 가능한 일을 택하며, 과유불급(過猶不及), 욕속부달(欲速不達)의 금언을 늘 마음에 담아야 한다.

열등감, 나쁜 기억, 과거에 집착, 게으름, 무기력은 자신을 무방비로 파멸시키는 암적 존재임을 명심하라. 또한 영적 성숙과 성장, 깊고 넓은 영성은 마음의 청결에서 시작하니, 마음을 청결하게 하는 일에 집중하라.

---

8 그 원인을 자기 외부에서 찾기 전에 먼저 자기 안에서 찾아야 한다. 심리적 불안정의 원인을 자신이 제공했다면 변명하거나 합리화하지 말고, 그 원인을 제거하는 데 힘써야 한다.

3) 관계적 건강

관계적(사회적) 건강은 관계를 성숙하고 생산적으로 유지한 결과다. 유대인에게 관계 훈련의 시작은 부모를 공경하는 것이다. 부모 공경은 부모뿐만 아니라 이웃과 어떻게 관계를 맺어야 하는지를 가르쳐 주는 최초의 약도이다.[9] 부모 공경은 이기적 존재로 태어난 우리가 자기 외의 존재를 최초로 섬기는 것이다. 그래서 부모 공경을 잘하는 이는 그 이타적 태도로 인해 사회적으로도 성공할 가능성이 매우 크다. 부모 공경을 잘하는 이들은 역시 이웃을 섬기며, 베풀며, 배려한다.

4) 영적 건강

영적 건강은 자기와 타인(사회적 차원), 자연, 하나님과의 관계에 관한 것이다. 특히 하나님을 신뢰함으로써 유지되는 하나님과의 성숙한 친밀감의 상태가 영적 건강의 바탕이다.

영적 건강을 유지하기 위해 우리는 우리의 미성숙하고 독단적인 의지로 인해 일상을 수렁에 빠지지 않게 해야 한다.

---

9   다니엘 라핀. 58.

이를 위해 먼저 일상 중에 고독(solitude)을 위해 한적한 곳(solitary place)을 찾고, 한주에 하루를 안식하는 날로 지켜라.

그리고 나, 이웃, 공동체가 평안하도록(making shalom) 헌신하고, 이들과의 신뢰를 누려라.

영적 멘토와 가까이 지내며 멘토링에 경청하며 '누림-나눔-드림-섬김'에 투자하고, 그 대가를 지급하는 감격을 즐겨라.

3. 평안을 누리자

평안을 누리지 못하는 사람은 예외 없이 무엇인가에 눌려있다(pressed). 눌림의 원인으로는 재정적 압박(속박), 과로와 바쁨, 관계 집착, 불치병, 정서적·심리적 불안, 영혼의 어두움 등이 있다.

대개의 사람은 눌림의 원인이 제거되면 행복하거나 평안을 누릴 것으로 생각한다. 영적 유아 단계를 벗어나지 못한 이들의 기도 대부분이 위의 제거와 관련되어 있다. 이는 누림(enjoying)을 오해했기 때문이다.

눌림의 원인을 제거하면 누리게 되는가? 이론적(재정적, 관계적, 의학적, 심리적)으로는 가능한 해석이다. 그러나 절대 그렇지 않다.

누림은 '드림-섬김-나눔'의 결과로 누리는 축복이지, 무슨 치료와 해방의 결과가 아니다. 움켜잡지 못해서 생긴 문제보다 나누지 못해서 생기는 불행이 더 심각하다. 높아지지 못해 생기는 문제보다는 섬기지 못해 생기는 재난이 더 위험하다. 복을 받지 못해 생기는 비참함보다는 하나님께 드리지 못해 생기는 재앙이 더 저주스럽다.

　이런 이유로 고등종교는 예외 없이 나누고(기부하고), 섬기고(낮아지고), 드리고(하늘에 쌓고)를 강조한다. 이것이야말로 누림에 이르고, 누리게 하는 신성한 방법이다. 더 버는 것(grap)이 나쁜진 않으나, 더 버는 것만으로 누림의 축복을 지속할 방법은 없다. 이 드림의 비결을 모르니 다들 야곱처럼 다 빼앗기고 나서야 철들고, 힘의 논리에 시달려야 굳은 자아가 부드러워지고, 영적으로 휘둘린 다음에야 성숙해진다.

평안을 확산시키자

평안은 영적, 사회적, 환경적, 육체적으로 다 건강한 총체적 건강이다. 가난한 이들은 총체적 허약에 시달린다. 하나님의 백성은 구축한 부를 가지고 총체적으로 가난한 이들을 지혜롭게 섬기며 돌봐야 한다. 이 정신을 사역화한 것이 티쿤 올람(Tikkun Olam)이다. 유대인에게는 전도와 선교에 대한 의무는 없어도 선한 행실로 티쿤 올람, 즉 평안을 확산시키는(making shalom) 사명이 있다.

이 시대는 약한 후진국 부족을 아무렇게나 대하는 풍조가 있다. 하지만 유대인은 문화가 뒤떨어진 약한 민족을 높은 지위로 끌어올리지 않으면 안 된다는 강한 사명감이 있다. 오늘날에도 이스라엘은 작은 나라지만 미국의 낙후 지역이나 남아메리카 등에 이스라엘이 만든 의

료 기관과 교육 시설이 상당수 있으며, 농업기술 원조
도 활발하다.[10]

유대인들은 하나님이 주신 부를 이용하여 이 세상에
평안을 확산시키려 한다.

> 신실한 유대인들은 산 위에서 고립되어 묵상만 해서도
> 가난을 맹세해서도 안 된다. 유대인들은 세상으로 나가
> 세상과 교류하며 세상을 향상시켜야 한다. 이것이 티
> 쿰 올람의 전통적인 의미이다. 유대인이라면 세상을 고
> 치고(repair) 향상시켜(elevating) 거룩하게 만들어야 한
> 다.[11](Rabbi Celso Cukiekorn)

우리 모두는 전 세계 구석구석에서 평안을 실현하는
착한 사마리아인이 되어야 하는 사명이 있다.

> 예수님은 강도 만난 사람을 발견한 선한 사마리아인(유
> 대인이 아니었음은 물론이지만 어느 면으로든 '그리스도인'이 아니
> 었다)의 비유를 말씀하셨다. 강도 만난 이를 발견한 이

---

10   마빈 토카이어, 134-135.
11   Billy Epperhart, 27-29.

여행객은 단순히 기도하는 데 그치지 않고, 당시로는 최선이었던 치료법을 동원해서 환자를 돌봤다. 그렇게 이웃을 자기 몸처럼 사랑함으로써 주님이 가르쳐주신 가장 핵심적인 두 가지 가운데 하나를 충실하게 이행한 것이다.[12]

'국경없는의사회'라든가 많은 NGO 단체들의 선한 활동으로 유아 사망을 줄이고, 질병과 가난을 퇴치하고, 문맹률을 낮추고, 노동착취와 인신매매를 근절하는 등의 평안을 회복케 하는 것(making shalom)은 우리 모두의 절대적 과제가 되었다.[13]

2015년 글로벌 이슈에 의하면, 시간당 1,000명 이상의 어린아이들이 굶어 죽고 있으며, 30억 명 이상이 하루에 2,500원 미만으로 살고 있고, 6억 명 이상이 하루 1,000원으로 연명하고 있다. 이들을 평안케 하는 것은 개인적 소명이자 인류애적 과제이다.

우리가 맛있는 커피향을 찾듯 가난한 사람들을 찾아 커피 반 잔 값만큼의 사랑을 실천한다면, 세상은 평안의 향기로 행복할 것이다.

---

12 필립 얀시, 《기도》, 471.
13 우리가 추구하는 부는 개인적 평안을 넘어서서 가족과 이웃, 결국은 인류가 번영을 누리는 것이다. 이를 위해 우리는 인류가 당면한 굶주림, 어린아이 사망, 극심한 가난을 퇴치하는 일에 앞장서야 한다.

1.

최고의 부를 누려온 유대인들의 부를 구축하는 원리와 지난 200여 년간 미국이 누린 축복의 기반인 '유대-기독교 윤리와 가치(Judeo-Christian Ethic & Value)'를 비유대인이자 비미국인인 우리의 삶에 어떻게 적용할 수 있을까? 저자는 10여 년 이상 이를 모색해 왔다.

미국 건국의 아버지들이 〈독립선언문〉, 〈헌법〉, 〈권리장전〉 등을 작성하면서 히브리 성경과 신약 성경의 정신을 살렸다. 이 정신이 바로 '유대-기독교 윤리와 가치'이며, 다음처럼 일곱 가지로 축약할 수 있다.

1) 인간의 존엄성: 성경과 모든 문명사회는 인간의 존엄성을 강조한다.

2) 성경적 가족: 아담과 하와가 누렸던 신비한 연합, 유기적인 연합으로서의 가정, 자녀를 키워서 세상에 파송하는 가정을 보호하는 원칙이다.

3) 일 윤리: 바른 일, 바른 보수, 즉 정당하게 일한 것에 대해서 정

당하게 보수를 주고받는 일 윤리다.

4) 하나님 중심의 교육: 미국 동부에 오랜 전통의 명문대들이 있다. 하버드나 예일 등은 기독교 중심, 하나님 중심의 교육을 강조한다.

5) 아브라함의 언약: 아브라함은 하나님을 믿음으로써 부를 약속받았다. "개인이든 국가든 하나님께 순종하는 사람들은 부를 누리고 순종하지 못하는 자들은 불행에 처한다."는 이 언약을 미국 정신이 이어가고 있다.

6) 선한 양심: 선하고 정직하게 일하는 사람들이 모여서 국가를 형성했다. 국가는 선한 양심의 원칙이 지켜진다.

7) 개인의 책임: 이웃과 동료에 대한 책임을 져야 한다. 하나님을 믿는 개인으로서 교회와 국가에 대한 책임을 감당해야 한다.

저자는 위의 가치들을 실천하여 부를 구축해 낼 수 있는 구체적인 방법을 소득, 재산, 지혜, 일, 관계, 존경받음, 리더십, 평안 등으로 체계화시켜 《부의 여덟 기둥》이란 제목으로 출판하였다.

2.

이 책의 연구와 집필에 도움을 준 분들이 있다. 먼저는 지난 30여 년 동안 스승이자 멘토로 저자를 이끌어준 존경하는 권경섭 회장님과 오랜 기간 넘치는 사랑과 격려로 저자의 연구와 집필을 후원해준 주향한 공동체, 장재중 회장님, 조원희 변호사, 전제광 대표, 이승훈 대표, 신혜성 대표 등의 짙은 동지애에 진심으로 감사드린다. 이분들의 차고 넘치는 사랑과 근접 지원이 없었다면 이 책의 집필 자체가 불가능했을 것이다.

또한 미국, 독일, 브라질, 필리핀, 베트남과 국내에서 선구매로 이 책의 출판을 지원해준 분들이 있다. 상영규, 김두호, 이인수, 이성철, 노기승, 이기선, 이주헌, 이병영, 강다윗, 김희정, 이기헌, 김병석, 윤석배, 임종연, 조현민, 손다진, 최종렬, 이소연, 조영수, 신승욱, 유희천, 인정태, 이선재, 현업주, 이윤희, 황진호, 강지헌, 양회성 등께 진심으로 감사드린다.

끝으로 2016년 12월 이후 지금에 이르기까지 7년간 저자의 세 권 책과 한 권의 번역서를 출판한 더메이커 이병일 대표에게 깊은 고마움을 표한다.

2023년 12월 1일
Harry Kim

부의 여덟 기둥

2024년 1월 3일 초판 1쇄 인쇄
2024년 1월 10일 초판 1쇄 발행

지은이 | Harry Kim
펴낸이 | 이병일
펴낸곳 | 더메이커
전 화 | 031-973-8302
팩 스 | 0504-178-8302
이메일 | tmakerpub@hanmail.net
등 록 | 제 2015-000148호.(2015년 7월 15일)

ISBN | 979-11-87809-50-0 (03320)
ⓒ Harry Kim